U. S. Levin

Dieses Kribbeln im Schlauch

Skurrile Geschichten
&
abgefahrene Glossen

Mit Zeichnungen von Peter Dunsch

W0236189

mitteldeutscher verlag

2018
© mdv Mitteldeutscher Verlag GmbH, Halle (Saale)
www.mitteldeutscherverlag.de

Umschlagabbildung: Peter Dunsch
Gesamtherstellung: Mitteldeutscher Verlag, Halle (Saale)

ISBN 978-3-95462-999-2

Printed in the EU

Schwarz gefahren, schwarz geflogen

„Jede Beförderung hat ihren Preis. Das möchte ich weder anpreisen noch verurteilen. Schließlich muss jeder sehen, wo er bleibt beziehungsweise wie er dahinkommt, wohin er unbedingt will. Der eine nutzt seine Intelligenz, ein anderer schabt sich die Fingernägel blutig und wieder ein anderer kriecht auf einer Schleimspur ins Rektum. Während für die aktive Fortbewegung, also die Personenbeförderung, bezahlt werden muss, kostet die passive Beförderung lediglich das Gewissen, es sei denn, man hat keins.

Wer es weit bringen will, vor allem im Nahverkehr, sollte also ein Ticket lösen, um sich dann völlig gelöst befördern zu lassen. Schwarz-

„Schau mal, Knut, sicher ein Po-litiker!"

fahren kostet nicht nur die weiße Weste, sondern kann einen auch richtig teuer zu stehen kommen.

Für einen angetrunkenen Studenten aus Sachsen-Anhalt endete die Leistungserschleichung im niedersächsischen Lauenbrück. Da der

22-Jährige weder vor noch nach der Kontrolle bereit war, eine Fahrkarte zu lösen, wurde er von der Weiterfahrt erlöst. Die Schaffnerin forderte ihn auf, die Regionalbahn zu verlassen, und zwar zügig. Der junge Mann war äußerst wütend darüber, aus dem Zug zu fliegen. Schließlich war er kein Zugvogel, allerhöchstens ein Unglücksrabe.

Verärgert darüber, auf dem Bahnsteig zurückbleiben zu müssen, schuf er nackte Tatsachen. Er entblößte sein Hinterteil und drückte das blanke Gesäß gegen eine Scheibe des abfahrenden Zuges. Mit dieser Geste wollte er eindrucksvoll demonstrieren: Das geht mir am Arsch vorbei. Doch was da vorbeiging, vielmehr fuhr, war der Zug, und dieser erfasste den Teilkörpernudisten. Der Halbnackedei stürzte neben die Gleise, wo er als schwer verletzter Gleiskörper liegen blieb.

Diese tragische Geschichte ging unrühmlich ein in die Annalen der Bundesbahn. Und jedem Reisenden sei zur Warnung gesagt: „Zeigt nicht alles, was euch gehört, vor allem aber niemals, was sich nicht gehört!" Denn obwohl der junge Mann zurückgelassen wurde, sah er nach dem Unfall ziemlich mitgenommen aus.

Unser täglich Brötchen gib uns heute!

Jeder sollte die Chance bekommen, Geld zu verdienen, auch wenn er es nicht verdient – wie eine Gruppe von Schmarotzern, die die Einlagen (nicht die der Schuhe) ihrer Kunden beruflich ausgelagert haben. Obwohl ihre eigentliche Aufgabe darin bestehen sollte, Geld zu mehren, haben sie es, wie der Sachse sagen würde: Vermährd!

Die negative Vorbildwirkung, gerade auf Halunken, Strauchdiebe und andere kriminelle Freiberufler, ist beachtlich. Einbrecher sagen sich seitdem: „Wenn Geld zum Fenster hinausgeworfen wird, dann können wir ja gleich einsteigen und es uns herausholen." Und wenn sie einmal drin sind, stürzen sie sich sofort auf die Kasse. Das nennt man Kassensturz.

Dies gelingt aber nicht immer, und zur Warnung sei allen Laden-dieben gesagt, gerade in Geschäften mit Backwaren können sich Über-fälle als Reinfälle entpuppen. Bäcker, das müsste allgemein bekannt sein, sind nämlich aufgeweckte Burschen, auch wenn die meisten nur kleine Brötchen backen.

„Psst, wir haben Mehl. Die Olle hat die Brille nicht auf!"

Ein französischer Bäcker hat drei Einbrecher ausgesprochen zunft-gemäß in die Flucht geschlagen. Die drei Übeltäter hatten nicht nur Mumm, sie waren auch vermummt, als sie im Pariser Vorort Boissy-Saint-Léger in die gute Stube, also Backstube, eingestiegen waren. Mit vorgehaltener Schusswaffe zwangen sie den Bäcker, die Kasse zu öffnen. Der überraschte Teigkneter hatte zum Glück nicht nur Glück, sondern zum Glück auch Mehl. Geistesgegenwärtig schnappte er sich davon eine gut gefüllte Kiste und warf sie auf das Trio. Die drei be-stäubten Ganoven machten sich sofort aus dem Staub.

Kritisch sei angemerkt! In Anbetracht des noch immer in der Drit-ten Welt herrschenden Hungers, ist es natürlich verwerflich, derart zweckentfremdet mit Grundnahrungsmitteln umzugehen. Andererseits, dem Bäcker blieb gar keine Alternative, sich seiner Haut zu erwehren. Oder hätte er diesen Verbrechern etwa Zucker in den Hintern blasen sollen?

Das Krampfadergeschwader greift an

Seitdem die Alterspyramide umgekippt ist wie ein Sparringspartner der Klitschko-Brüder, zieht ein Phänomen bedrohlich am Horizont auf: Die Altersarmut! Doch die Alten beginnen sich zu wehren. Nicht umsonst steckt das kleine Adjektiv *alt* im großen Substantiv *Gewalt*.

Der jungen Generation fällt es immer schwerer, die Alten zu ernähren. Deshalb werden die Senioren zunehmend abgespeist. Wer aber ein Leben lang Butter unterm Schwarzwälder Schinken gewohnt war, lässt sich im Alter nicht mehr die Thüringer Wurst vom Mischbrot nehmen. Erschwerend kommt hinzu, dass die Senioren ums Verrecken nicht daran denken, einen Teil ihres Bestecks abzugeben. Ganz im Gegenteil, sie werden immer älter. Und nicht nur das, sie bleiben dabei auch mobil – dank *Mobilat*, Rollator oder Rollstuhl.

Eine unerschrockene Invasion hochbetagter Seniorenkrimineller zieht wie ein Schwarm Heuschrecken übers Land. Mit Stützstrümpfen vermummte Heimbewohner sollen bereits erste Tankstellen überfallen haben. Mit einer Fluchtgeschwindigkeit von einhundert Metern pro Stunde können die Täter allerdings sehr schnell eingesammelt werden. Man kann auch sagen: Weit bringen es die Alten nicht.

Noch vermutet niemand hinter einem weißhaarigen Glatzkopf, der gramgebeugt übern Bürgersteig schlurft, einen brutalen Schläger. Das Alter bietet die perfekte Tarnung. Zudem haben Senioren einen psychologischen Vorteil: Hohe Haftstrafen schrecken einen Grauen Panter nicht. „Lebenslänglich" ringt einer 90-Jährigen gerade Mal ein müdes Lächeln ab. Ihr Problem ist ein ganz anderes: Sie werden ihrer Altersträgheit wegen sehr schnell geschnappt, wie eine in die Jahre gekommene Eintagsfliege. Und trotzdem spielt ihnen das Alter in die IIand.

„Wie heißen Sie?"

„Keine Ahnung, da müssen Sie meinen Arzt fragen oder die Heimleitung!"

Im bayerischen Mellrichstadt wurde eine 81-jährige diebische Elster beim Klauen erwischt. In einer Gaststätte gelang es der Frau, unbemerkt in die Wohnung der Wirtin einzudringen. Aus deren Portemonnaie klaute die wegen ähnlicher Delikte bundesweit aktenkundige Langfingrige 80 Euro.

Im niedersächsischen Northeim ging eine zehn Jahre ältere, also 91-jährige Kriminelle in einer Drogerie auf Diebestour. Neben

„Können Sie nicht ein Auge zudrücken, ist doch nur ein Vibrator!" – „Tut mir leid, straffreier Mundraub gilt schon lange nicht mehr!"

Hygieneartikeln klaute sie auch Kosmetik. Sie war also nicht nur Kleptomanin, sondern auch Optimistin. Das Diebesgut verstaute sie in ihrer Jackentasche und einen Teil der Beute in einem Beutel. Da ihre hektischen Bewegungen im Zeitlupentempo abliefen, konnte eine Verkäuferin die alte Dame seelenruhig beobachten und dabei die Polizei alarmieren. Mit quietschenden Reifen stürzte die ertappte Gaunerin vom Tatort, konnte aber eine Straße weiter von der Staatsmacht gestoppt werden. Ihr Fluchtfahrzeug – ein Rollator. Obwohl sie kaum noch stehen konnte, war die Seniorin geständig.

Die Kurve derartiger, der Beschaffungskriminalität zuzuordnenden Verbrechen – man braucht das Geld nämlich nicht für sich, sondern für den Heimplatz – wird in den nächsten Jahren weiter dramatisch ansteigen. Tröstend bleibt allein die Tatsache, dass Gewaltverbrechen wie sexuelle Nötigung oder gar Vergewaltigungen in diesem Täterkreis kaum vorkommen. Darauf werden sich die Senioren sozusagen nicht mehr versteifen.

Schleierhaft

Während in christlichen Kulturkreisen Brautschleier die weibliche Anmut der Frau hervorheben sollen, verstecken strenggläubige Muslimas ihr Antlitz hinter einem Gesichtsschleier. Ein nicht zu unterschätzender Vorteil im Fortpflanzungskampf, denn auch Heiratswillige mit natürlicher Benachteiligung wie etwa mit ausgeprägter Gesichtscellulitis, Mehrfachkinn, zur Narbenbildung neigender Akne oder einer Körperbehaarung mit der Felldichte tropischer Primaten sichern sich ihre Chancen auf Bestäubung. Lediglich ihre Augen müssen dem Blick des Betrachters standhalten. Ist deren Anatomie einigermaßen intakt, steht dem Gang zum Standesbeamten nichts mehr im Weg.

Für einen arabischen Botschafter endete dieser allerdings nicht vorm Trau-, sondern vorm Opferaltar. Denn erst als er den Ehevertrag unterzeichnet hatte, wurde das Geheimnis, vielmehr der Schleier seiner frisch Angetrauten gelüftet. Und dieser Luftzug haute den Staatsbediensteten aus den Socken. Die Braut hatte einen goldigen Silberblick und einen derart starken Damenbart, auf den wäre selbst Reinhold Messner neidisch.

„Deine verfluchte Knauserigkeit ist schuld.
Mehr war aus dem Fähnchen Stoff nicht zu machen!"

Mit der umgehend eingereichten Scheidungsklage musste sich ein Gericht im Emirat Dubai beschäftigen, das zu dem Schluss kam, wegen arglistiger Täuschung ist mit dieser Ehe Schluss. Den vorehelich erworbenen Schmuck und die großzügigen Geschenke des getäuschten und enttäuschten Bräutigams im Wert von 500.000 Dirham (rund 126.000 Euro) durfte die Heiratsschwindlerin behalten.

Vor dem Hochzeitstermin habe der Botschafter, wie er hoch und heilig versicherte, das subjektive Objekt seiner Begierde zwar nüchtern, aber eben nur verschleiert gesehen. Die Familie habe ihm mit Fotos einer hübscheren Schwester aufs wüste Glatteis geführt.

Und das Fazit: Kaufe eine Katze nie im Sack! Trotzdem hatte er Glück im Unglück, denn die Hochzeitsnacht blieb ihm erspart. Wer weiß, welch böse Überraschung er da noch erlebt hätte. Sicher wäre er im Morgengrauen aus süßen Träumen aufgeschreckt – mit und womöglich neben einem höllischen Kater.

Nackte Tatsachen

Für rallige Hunde bleibt eine Region nur so lange interessant, wie es etwas Neues zu erschnüffeln gibt. Das Gleiche gilt für ausgesprochene Naturfreunde. Erst wenn der Pfadfinder gelangweilt durch die Botanik stolpert, weil er jede Moosflechte kennt und ihn die Murmeltiere bereits mit dem Kosenamen grüßen, kühlt die angeborene Neugier ab. Ähnliche Verhaltensmuster zeigen sich auch bei der Spezies *Mann* beziehungsweise *Ehemann*. Sind alle Berge und Täler erkundet, sind Fauna, Flora und Feuchtgebiete der eigenen Frau ausreichend beschnuppert, gerät plötzlich die nette beziehungsweise brünette Nachbarin ins Fadenkreuz geiler Blicke.

Dies musste eine serbische Urlauberin während ihrer teuren Ferien in Griechenland am eigenen Leib erfahren. Weder zum Strand noch zu Ausflügen konnte sie ihren lethargischen Mann bewegen. Zwei Wochen verbrachte er ausschließlich auf dem Balkon und genoss von dort aus die reizende Landschaft. Dies wiederum reizte seine Frau. Um den Ausblick noch besser genießen zu können, verrenkte sich der Ehemann sogar schmerzhaft den eigenen Hals. Auch die verärgerte Ehefrau bekam Halsprobleme, weil ihrer anschwoll wie die Donau während der Schneeschmelze.

Nach der Urlaubskatastrophe verklagte die aufgebrachte Serbin den Reiseveranstalter auf Schadenersatz. Dieses Recht steht jedem Urlauber zu, der wegen misslicher Umstände um seine Urlaubsfreuden und die erhoffte Erholung gebracht worden ist. Zum Beispiel defekte Sanitäranlagen, unfreundliches Personal, ein Buffet so geschmacklos wie private TV-Programme, eine stinkende Mülldeponie neben dem Hotel oder Staub- und Lärmbelästigung von der Autobahn oder Baustelle nebenan.

In diesem Fall lag der Stein des Anstoßes allerdings auf dem Nachbarbalkon, und zwar in Form zweier junger, anstößiger Damen. Voller Hingabe räkelten sie sich splitternackt wie zwei rossige Stuten. Das hatte die Aufmerksamkeit des Ehehengstes förmlich erregt. Seiner Frau gegenüber gab er vor, lediglich eine steife Brise Meeresluft am Busen der Natur genießen zu wollen.

Eigentlich eine traurige Geschichte. Zwei verdorbene Mädchen verdarben einer bis dahin glücklichen Gattin den Urlaub. Und darben muss nun auch der Mann, denn für ihn bleibt in Zukunft nur noch die Hündchenstellung: Jaulend vor der eigenen Hütte liegen.

Dieses Kribbeln im Schlauch

Keine Branche guckt so lustvoll aus den Bilanzbüchern wie die Sexindustrie. Geschnackelt wird immer, ob mit oder ohne Partner. Und selbst der eiskalte Terrorist hat hin und wieder Druck auf dem Zünder, auch in wirtschaftlich schwierigen Zeiten, in denen jeder seinen Sprengstoffgürtel enger schnallen muss.

Gehörte das Paarungsritual in grauen Vorzeiten zur Schattenseite eines verkorksten Ehelebens – die Juristen erfanden die gerichtsterminologische Umschreibung Beischlafpflicht –, müssen heute annähernd sex Millionen Singles ihr Schicksal quasi selbst in die Hand nehmen. Besonders hart, wenn sie nur zwei linke haben. Aber gerade dieser Um- und Notstand spült Riesenumsätze in die Kassen der Sexartikelproduzenten. Mit der Lust macht man eben keinen Verlust.

Dabei ist die Branche höchst innovativ, wirft dem Markt immer ausgefallenere Lustkiller zwischen die Beine. Zum Beispiel Latexbe-

„Wozu haben wir in den Vibrator investiert?
Nimm bitte die kalte Hand weg!"

kleidung, die auch noch die letzten Triebe vertreibt. Oder aufblasbare Ganzkörperprothesen mit dem erotischen Reizpotenzial abgetragener Stützstrümpfe. Oder unappetitliche Genitalnachbildungen mit Batteriebetrieb. Deren Testergebnisse enden meist befriedigend. Um das geschätzte GS-Siegel „geprüfte Sicherheit" zu erhalten, werden diese Produkte sozusagen einem Härtetest unterzogen. Wie das vor sich geht, entzieht sich meiner geistigen Vorstellungskraft.

Eines dürfen diese individuellen Haushaltgeräte nicht: Auf dem Postweg zum Kunden beziehungsweise der Kundin bereits geil vor Erwartung im Päckchen herumhüpfen. Aber genau dies ist in einem Postamt der russischen Stadt Orenburg geschehen. In der Sortieranlage tauchte plötzlich ein oszillierendes Paket auf und sorgte für helle Er- beziehungsweise Aufregung unter den Angestellten. Die innerhalb von wenigen Minuten eingetroffenen Polizisten, die einen hinterhältigen Terroranschlag vermuteten, evakuierten sofort die zwanzig Mitarbeiter. Bei der Durchsuchung des verdächtigen Objektes durch eine Spezialeinheit stellte sich allerdings heraus, dass hier keine Zeitzünderbombe tickte, sondern nur ein eingeschalteter Plastik-Massagestab vor Freude zappelte wie ein Baby mit voller Windel.

Besonders die weiblichen Bediensteten werden über diese unverhoffte Abwechslung innerlich vibriert haben und vielleicht wurde die eine oder andere dabei an die deutsche Fehlbesetzung im Eurovision Song Contest 1998 erinnert, den unmusikalischen Spaßkiller Guildo Horn, der damals hirnerweichend krächzte: „Dildo hat euch lieb!"

Prager Fenstersturz in München

Wenn die Sprache auf Fenstersturz kommt, denkt man unweigerlich an Prag und nicht an München. Die bayerische Landeshauptstadt kommt bestenfalls in Betracht, wenn Sätze fallen wie: „Kinnadad i scho, oba meng dua i ned." Oder der weltberühmte Spruch: „O'zapftis!"

In Prag hat sich die vertikale Form, ein Gebäude zu verlassen, indes etabliert. Historisch betrachtet, und dies wissen die wenigsten, gab es in der Goldenen Stadt an der Moldau bisher vier Fensterstürze – in den Jahren 1419, 1618, 1948 und 1968. Und wann immer jemand aus dem Rahmen fiel – also aus dem Fensterrahmen – geschah dies mehr oder weniger politisch motiviert.

„Gregor, in unserem Vorgarten lümmelt so ein Penner!"

Heute passieren Fensterabstürze täglich und weltweit – Windows-nutzer können ein Klagelied davon singen. Spektakulär sind sie alle nicht. Erst ein englischer Tourist, der während der Wiesn in den frühen Morgenstunden völlig betrunken in sein Münchner Hotel zurückkehrte, belebte diese schöne Tradition mit seinem Ableben. In den zahlreichen Gängen verlor der 25-jährige Brite, der wie seine Blase eine Schwäche für deutsche Biere hatte, jegliche Orientierung und kämpfte vergeblich gegen den starken Harndrang.

Um sich Erleichterung zu verschaffen, öffnete er im 6. Stock des Treppenhauses ein Fenster und setzte sich mit heruntergelassener Hose auf den Sims, als wolle er die jugendliche Lieblingsbeschäftigung tun – also simsen. Hoch sind ihm seine ordentlichen Manieren anzurechnen, denn immerhin hatte er versucht, im Sitzen zu pinkeln. Eigentlich logisch, er hatte ja selbst einen sitzen.

Und dann nahmen das Wasser und das Unheil ihren Lauf. Er verlor nämlich nicht nur Körperflüssigkeit, sondern auch das Gleichgewicht. Und mit dem blanken Hintern plumpste er von seinem Plumpsklo in den Hinterhof. Er bekam praktisch, halb ausgezogen, die volle Anziehungskraft zu spüren. Und eines hat dieser Vorfall wieder bestätigt: Wohin der Engländer auch kommt, er fällt – auf.

In der Not zählt kein Gebot

In der Menschheitsgeschichte wurden sehr viele Erfindungen missbraucht, wie Messdiener oder die Jungs vom Knabenchor. Als Alfred Nobel vor Freude explodierte, nachdem er endlich das Dynamit erfunden hatte, konnte er natürlich nicht ahnen, dass das eigentlich zum Straßen-, Gleis-, Brücken- oder Tunnelbau ausgedachte Hilfsmittel zu deren Zerstörung eingesetzt werden würde. Auch das von Lord Kelvin entwickelte Thermometer wurde und wird zweckentfremdet, indem man es fiebrigen Kleinkindern in den Hintern steckt. Adam Opel verschandelte die geniale Erfindung des Rades, indem er vier Stück davon nahm, je zwei davon mit einer Stange verband und eine fürchterliche Karosse darüberstülpte.

Missbraucht wurde auch Johannes Gutenbergs Buchdruck – von Typen wie Dieter Bohlen oder Charlotte Roche, die zwischen den beiden Buchdeckeln ihre gedanklichen Missgeburten absonderten wie eitriges Sekret. Jedoch im Vergleich zu den geistigen Wortmüllbergen demokratischer Gesetzestexter verhält sich die schmale Lektüre der beiden Schundliteraten wie der Klappentext zur 43-bändigen Marx-Engels-Werke-Ausgabe. Gegen das Gesamtgewicht aller gültigen Gesetzbücher, angefangen vom Bürgerlichen Gesetzbuch über das Strafgesetzbuch, die StVO, das Arbeitszeitgesetz, das Bundeskleingartengesetz, die Rasenmäherverordnung, das Betreuungsgesetz bis hin zur Allgemeinen Prozessordnung, verhält sie sich wie eine jugendliche Obstfliege zu einem ausgewachsenen Elefantenbullen.

„Mit diesen Händen gab es nur zwei Optionen:
Gynäkologe oder Taschendieb!"

Vor zweitausend Jahren regelten gerade mal zehn Gebote das zivile Zusammenleben. Und wie sieht es heute aus? Ich möchte nur ein Beispiel nennen: Zahlreiche Kapitel des Strafgesetzes beschäftigen sich mit den vielen Arten von Tötungsverbrechen wie Mord, Totschlag, lässige oder fahrlässige Tötung, Tod durch unterlassene Hilfeleistung beziehungsweise aktive Sterbehilfe oder Raubmord. Damals hieß es schlicht und einfach: Du sollst nicht töten! Eine klare Ansage. Jeder wusste Bescheid. Wären Politiker damals schon so paragrafenverliebt gewesen, würden die Steinmetze noch heute an den Gesetzestafeln hämmern.

Und obwohl jeder Bereich unseres Lebens juristisch durchreguliert ist wie Hafendirnen nach dem Einlaufen einer Fregatte, kann es vorkommen, dass ein milder Richter einen Beschuldigten dennoch laufen lässt, und zwar mit den Worten: „Lassen Sie sich ja nicht wieder erwischen!"

Und lächelnd wird dieser erwidern: „Keine Sorge! Ab jetzt passe ich besser auf."

Aufpassen müssen auch die Mitglieder einer englischen Kirchgemeinde in York, nachdem sie von ihrem Pfarrer Tim Jones zum Verstoß gegen das siebte Gebot aufgefordert wurden. In Zeiten der Not, predigte der Kirchenvertreter, könne man sich schon mal mit Ladendiebstahl behelfen. Aber, gab er seinen Schäfchen mit auf den Weg, sie sollen sich niemals nach mehr verzehren, als sie selbst verzehren können.

Wenn Gott die Taten beziehungsweise Untaten der gesellschaftlichen Außenseiter sieht, wird er ein Einsehen haben. Ist er gar ein Einäugiger, wird er sogar alle Augen zudrücken.

Nur einen Steinwurf entfernt

Tiere, so eine weit verbreitete Meinung, besonders unter Tierschützern, wären die besseren Menschen. Moralisch verwerfliche Eigenschaften wie Neid und Gier sind ihnen fremd – wird behauptet. Ich bin da völlig anderer Meinung, besonders was meine Ansichten zum tierischen Fehlverhalten anbelangt. In Südkorea ist nämlich eine Zoobesucherin mit einem Stein beworfen und am Hinterkopf getroffen worden – von einem 35-jährigen Elefanten.

Doch zurück zur Behauptung, Tiere wären weder neidisch noch gierig. Dann darf doch wohl die Frage erlaubt sein, wie es um den sogenannten Futterneid bestellt ist. Beim Fressgelage ausgehungerter Raubkatzen herrschen nämlich verdammt raue Sitten. Hier würde selbst der Apostel der guten Manieren, Adolph Freiherr von Knigge, einknicken.

Nicht anders sieht es aus mit der urigen Kraft namens GIER. Tier und Gier reimen sich sogar, und dies nicht ohne Grund. Tiere raffen, was das Zeug hält. Hunde schlingen bis zum Kotzen. Ein Hamster, der nicht hamstert, wäre eine simple Wühlmaus.

Tiere sind den Menschen ähnlicher, als mancher wahrhaben möchte. So erklärt sich auch die individuelle Vielfalt, selbst unter den Einfältigen. Hier und da gibt es Faultiere, Stinktiere, Kriechtiere, schräge Vögel, krumme Hunde, blöde Ziegen, doofe Ochsen, dumme Gänse oder eitle Pfauen.

Was sie durch die Bank eint: Vor dem Gesetz sind sie alle gleich. Tiere werden sogar gesetzlich geschützt, durch das Tierschutzgesetz. Wo aber bleibt der Mensch? Der Hundebiss in die Wade eines Briefträgers bleibt ungesühnt. Giftschlangen oder Skorpione können Menschen ohne juristische Folgen töten, sofern ihnen rechtzeitig die Flucht gelingt.

In Südkorea gibt es jetzt erste gute Ansätze, mehr Gerechtigkeit in diese juristische Grauzone zu bringen. Gegen den tätlich, vielmehr gewalttätig gewordenen Elefanten, der mit seinem Rüssel einen ziemlich großen Stein aufgehoben und als Wurfgeschoss aus seinem Gehege geschleudert hat, dabei besagte Besucherin verletzte, eröffnete die Polizei ein Ermittlungsverfahren. Allerdings gestaltete sich die kriminalistische Aufklärungsarbeit äußerst schwierig. Es gab nämlich keine Zeugen, die diese hinterhältige Tat beobachtet hatten. Und der

Elefant nutzte nicht nur sein Recht auf Aussageverweigerung, er zeigte beim Verhör auch eine ziemlich dicke Haut.

Da beweist sich wieder einmal, in Rechtsstaaten sind derartige Fälle leider zum Scheitern verurteilt. Letztendlich konnte nämlich dieser feige Angriff dem grauen Riesen nicht zweifelsfrei nachgewiesen werden. Eine Videoüberwachung gab es nicht und auf dem Corpus Delicti fanden sich keinerlei gerichtsverwertbare Rüsselabdrücke. Aber selbst wenn man den Elefanten der vorsätzlichen Körperverletzung hätte überführen können, wie wollte man ein Zootier bestrafen? Ihn einsperren? Gar Sicherheitsverwahrung?

„Weshalb starrt der immer zu mir?" –
„Das macht die Ähnlichkeit, Gudrun!"

Tierschützer werden angesichts dieser Äußerungen aufschreien, als wäre ihnen ein Elefant auf die Füße getreten. Doch ich sage unmissverständlich: Jedes Lebewesen kann sich mit seinem Handeln Ärger einhandeln. Wer etwas anderes behauptet, der werfe den ersten Stein!

Spät gerächt ist nicht gerecht

Eine mäßige, aber regelmäßige Blasenentleerung in den frühen Morgenstunden ist aus gesundheitlicher Sicht sehr begrüßenswert. Ein pathologisch bedenklicher Zustand liegt erst dann vor, wenn man zum Wasserlassen nicht mehr das Bett verlässt. Für Blasenschwächlinge besteht jedoch kein Grund zur Panik. Juristisch können sie überhaupt nicht belangt werden. Im Gegenteil! Keiner will ihnen ans Eingemachte.

Bei Senioren begegnet man dem unkontrollierten Urinverlust mit Verständnis. Der Blasendruck triumphiert quasi als strahlender Sieger über schlaffe beziehungsweise erschlaffte Schließmuskeln. Inkontinenz, so der medizinische Fachbegriff, ist vergleichbar mit einer unsachgemäß verschlossenen Thermoskanne, die man zudem noch verkehrt herum in den Rucksack stülpt. Nun nehmen die Dinge ihren Lauf, vielmehr ihren Auslauf.

Auch für Teenager ist besonders der nächtliche Harnabgang keine feuchtfröhliche Angelegenheit. Für sie bricht nicht das Bett, aber eine Welt zusammen, denn Bettnässer werden von Gleichaltrigen rücksichtslos gehänselt und verspottet. Besonders peinlich ist es für Jungen, die im pubertären Alter lieber mit ihrer ersten Morgenlatte prahlen, eine harmlose Variante der späten Kinderlähmung. Dabei trifft die kleinen Bettnässis keinerlei Schuld. Ursache ist meist ein Mangel am antidiuretischen Hormon, kurz ADH, welches dafür sorgt, dass nachts weniger Harn gebildet wird. Fällt weniger Niederschlag, läuft eben die Regentonne auch nicht über.

Viele Bettnässer werden in ihren Pfützen allein gelassen und halten den Spott der gleichaltrigen Mitschüler nicht aus. Kinder sind eben nicht nur vital, sondern auch brutal. Oder anders gesagt: Senioren sind grau – Kinder grausam. Das kindliche Gemüt kann aber durch den aufgestauten Hass lebenslangen Schaden nehmen, der sich auch noch nach Jahrzehnten eruptiv entladen kann.

Ein 63-jähriger Franzose hat sich nach fünfzig Jahren dafür gerächt, dass er von Klassenkameraden als Bettnässer beschimpft und ausgelacht wurde. Der im Dorf Bennwihr bei Colmar lebende Elsässer sägte in einer Nacht- und Nebelaktion 430 Weinstöcke seines einstigen Peinigers ab, der jetzt als Winzer tätig war. Dank einer Überwachungskamera konnte der Spätzünder überführt und vor ein Gericht gestellt werden. Er hatte eben den weisen Spruch „in vino veritas" ignoriert, der so viel bedeutet wie: Der Weinberg sieht die Wahrheit. Und so verknackte ihn das Gericht zu einer einjährigen Bewährungsstrafe. Außerdem muss er für den entstandenen Schaden aufkommen. Da verliert sich jede Schadenfreude.

Also allen Eltern, deren Kinder an ADH-Mangel leiden, sei gesagt: Nur mit Aufklärung und Verständnis kann man diesem Problem beikommen. Mittelalterliche Rachegelüste unter dem Motto „Auge um Auge, Zahnlücke um Zahnlücke" bringen nichts. Das eben geschilderte Beispiel hat eindrucksvoll gezeigt, was passieren kann, wenn eine Blase unkontrolliert platzt.

„Casanova soll keine zwei Nächte im selben Bett geschlafen haben, sicher ein Bettnässer!"

Schnee von gestern

Betrunkene, aber auch vom Alkohol gezeichnete Kampftrinker ähneln ihrem Wesen nach verhaltensgestörten Jugendlichen, die einfach keine Lehre annehmen wollen – auch nicht beruflich. Andererseits sichern diese Personen dem Personal von Schnapsproduzenten, Brauereien, Autowerkstätten, Krankenhäusern, der Stadtreinigung, von Gerichten und der Polizei Arbeitsplätze.

Hin und wieder kommt es zu kuriosen Vorfällen, die für die uniformierten Beamten das Salz in der faden Tütensuppe sind. In einer kalten und schneereichen Dezembernacht des Jahres 2009 dachten im niedersächsischen Celle zwei Streifenpolizisten, sie juckt das Streifenhörnchen. Gleitet doch ein völlig zugeschneites und unzureichend beleuchtetes Auto an ihnen vorüber, wie ein Iglu auf Rädern. Der 33-jährige Fahrer glitt friedlich von einer Zechtour kommend über die

Aus dem Polizeireport: Trotz allgemeiner Bezeichnung „Verkehrspolizei" ist diese nur für den fließenden und ruhenden Verkehr zuständig. Spontaner und außerehelicher Verkehr fällt nicht in deren Zuständigkeit.

glatten Straßen heimwärts. Der Alkoholtest ergab einen stattlichen Wert von 2,43 Promille.

Bemerkenswert an diesem Vorfall war Folgendes: Der niedersächsische Ein-Celler wandte nämlich die beliebte Vogel-Strauß-Methode an, bei Problemen einfach den Kopf in den Schnee zu stecken. Er hatte sich lediglich ein kleines Guckloch freigekratzt, weil er sich in dem Irrglauben befand: Wenn ich nichts sehe, sieht mich auch keiner. Natürlich kam er mit dieser Einstellung bei den Beamten nicht durch. Im Gegenteil, die fuhren mit ihm, passend zur Jahreszeit, Schlitten.

In einem anderen Fall ist ein 44 Jahre alter Mann in der Nähe von Würzburg auf der A3 nicht blind gefahren, wie der eingeschneite Niedersachse, sondern tatsächlich blindgefahren. Als der stark Sehbehinderte auf einer Rastanlage von Polizisten kontrolliert wurde, lag sein weißer Stock noch auf der Rückbank. Er selbst leugnete vehement, das Lenkrad auch nur angefasst zu haben, obwohl er auf dem Fahrersitz saß. Schwierig wurde die Kontrolle seines Führerscheins, denn dieser war längst aus dem Verkehr gezogen worden.

Eines kann man abschließend festhalten: Die Polizei sollte froh sein, dass der Sehschwache nicht zu Fuß auf der Autobahn unterwegs gewesen ist, sozusagen als Blindgänger. Und dass er – es grenzt an ein Wunder – keinen Unfall verursacht hat, beweist doch, wenigstens auf sein Gehör war Verlass.

Hauptsache im Bett

Der Unterschied zwischen den Geschlechtern ist mitunter geringer als angenommen. Nur ein Beispiel: Frauen gehen gern früh shoppen. Männer gehen gern zum Frühschoppen. Während der Mann der Frau die Lust am Einkauf ansieht, bemerkt hingegen keine Frau, wenn ein Mann Durst hat. Leider sehen aber alle, wenn er voll ist wie eine Wegwerfwindel.

Besonders vergnüglich ist es, Betrunkene zu beobachten, vor allem, wenn man nicht unmittelbar selbst betroffen ist. Unangenehm wird es erst, wenn man getroffen wird. Dies geschieht häufig in Bus oder Bahn, wenn der fröhliche Zecher im Dunst seines Alkoholnebels die öffentliche Beförderung mit einer öffentlichen Bedürfnisanstalt verwechselt. Peinlich und äußerst wie auch äußerlich unappetitlich, wenn der Trunkenbold seine Schließmuskeln nicht mehr unter

„Mach was, ich denke, du beherrschst Schifferknoten!"

Kontrolle hat und sich prall gefüllte Hohlorgane in alle Richtungen entleeren. Also sich am besten außerhalb des Spritzbereiches begeben und den Vorgang still in sich hinein genießen wie ein kühles Feierabendpils.

Vorm Leipziger Hauptbahnhof trug auf ganz andere Art und Weise ein 45-jähriger Frühschopper zur Volksbelustigung bei. An einem Sonntagmittag hatte er sich für seinen Mittagsschlaf ein recht lauschiges Schlafplätzchen ausgesucht. An der zentralen Straßenbahnhaltestelle des Willy-Brandt-Schlafplatzes legte er sich friedlich zwischen die Straßenbahngleise. Da Alkohol, wie allgemein bekannt, Hemmschwellen senkt, sank er ungehemmt auf den Schwellen danieder. Ein Schutzengel verhinderte bis zum Eintreffen der Polizei, dass dem Betrunkenen etwas zustieß. Die nüchternen Beamten stellten per Alkomat-Test fest, dass der zwischen Bewusstlosigkeit und Koma liegende Kneipenanwender 3,3 Promille intus hatte.

Da Leichen in den seltensten Fällen reden, war auch die Schnapsleiche in ihrem Rauschzustand nicht ansprechbar. Ansonsten hätten die Ordnungshüter zu ihr gesagt: „Sie können sich doch hier nicht schlafen legen!"

Und wäre die Schnapsdrossel zu einer Antwort fähig gewesen, hätte er sicherlich geantwortet: „Warum nicht? Ist doch ein Gleis-BETT."

Sach- und Lachbeschädigung

Hinter allem, was der Mensch tut, steckt ein Sinn, auch wenn das, was er macht, schwachsinnig ist. Bestes Beispiel sind die grundverschiedenen Backkulturen in Ost und West. Dort, wo die Sonne etwas früher aufgeht, haben sich wieder die alten und heißgeliebten DDR-Brötchen durchgesetzt. Klein, handlich, aber schmackhaft, und das Wichtigste: Mit einer bestreichfähigen Schnittfläche! Im Osten war eben nicht alles altbacken.

Der Ostkunde kauft mit Verstand und mit Verständnis. Das macht Sinn – nicht zu verwechseln mit dem gleichnamigen Münchner Nationalökognomen Professor Unsinn. Der Westkunde kauft mit den Augen. Da kann nichts groß genug sein. Die Brötchen, die er sich andrehen lässt, haben die Ausmaße und Außenmaße von Zweipfundbroten, auch wenn das Stückgewicht kaum über die typischen siebzig Gramm hinauskommt.

„Dieses Kribbeln im Bauch, ist das die Prostata?" – „Nein, nur die Steckdose!"

Aber so funktioniert bei uns das ganze gesellschaftliche Wertesystem – aufgebläht mit viel heißer Luft drin. Im Tierreich mag diese künstliche Volumenvergrößerung noch nützlich sein, wie etwa beim Kugelfisch, der auf diese Weise potenzielle Fressfeinde auf Distanz hält. Aber was bezwecken die backenden Mehlwürmer mit ihren teigummantelten Luftblasen? Bessere Umsätze? Ich würde doch nie Brötchen eines Bäckers kaufen, wo beim Aufschneiden ein riesiger Teigklumpen herausfällt und nur zwei tief ausgehöhlte Halbschalen wie bei einer ausgeknabberten Kokosnuss zurückbleiben.

Ohne Sinn und Verstand agieren und reagieren auch Betrunkene. In einer Münchner Bar hat ein zugelöteter Gast zu später Stunde in eine Steckdose uriniert. Aber nicht versehentlich, weil er vielleicht die weiße Steckerleiste mit dem gleichfarbigen Urinal verwechselt hätte. Der 28-Jährige schlich hinter den Tresen und pinkelte absichtlich in die Steckdose. Der dadurch ausgelöste Kurzschluss legte den gesamten Barbetrieb lahm.

Ich rätsele indes, was der junge Mann wohl von Beruf gewesen sein könnte. Vielleicht Elektriker, denn mit seiner strahlenden Aktion wollte er vermutlich aller Welt beweisen: „Seht her! Ich habe nicht nur einen Kurzen, ich kann damit auch einen erzeugen."

Mit Frust zum Zahnverlust

Frauen und Männer sind im Grunde genommen grundverschieden, nicht nur anatomisch, wobei ich das weibliche Wesen für das ausgereiftere Serienmodell halte. Frauen besitzen die geniale Fähigkeit, mehrere Dinge gleichzeitig tun zu können. Sie können zum Beispiel, während sie stillen, nicht nur still sein. Ohne nennenswerte Kraftanstrengung stricken sie einen Pullover, sehen dabei fern und telefonieren mit ihrer Mutter. Vom Krimi kriegen sie allerdings nichts mit. Deshalb kommt beim Abspann immer die Frage: „Wer war denn nun der Mörder?"

„Sitzt, und jetzt bitte mit Vollgas zur Kasse!"

Männer bestreiten gar nicht, dass sie nicht in der Lage sind, mehrere Dinge gleichzeitig anzupacken, zu denen sie ohnehin keine Lust haben. Das Einzige, was ihnen mühelos zeitgleich gelingt – während des Schlafes Geräusche von sich zu geben, manchmal auch Gerüche, aber nie Gerüchte.

Alles andere wird gefährlich, mitunter sogar lebensgefährlich. In Vorpommern hat sich ein 49-Jähriger geweigert, diese Tatsache anzuerkennen. Während er auf dem Weg zum Zahnarzt gemütlich über eine Landstraße dahinraste, wurden seine Zahnschmerzen so akut, dass er sein Problem kurzerhand selbst in die Finger nahm. Dabei ruckelte er etwas zu heftig am schmerzenden Zahn. Und während er versuchte, das Übel aus sich herauszuholen, verlor er die Kontrolle über seinen Wagen. Sein Fahrzeug streifte einen zufällig im Weg stehenden Baum und überschlug sich, und dies nicht aus Freude.

Den Unfall überlebte er, wie durch ein Wunder, unverletzt. Nur sein Auto und der Zahn waren restlos dahin. Hätte er mal lieber seinem Wackelkandidaten zugeflüstert: „Schön locker bleiben!"

Mit einem Scherz zum Rückenschmerz

Fettleibige waren im Mittelalter dicke da. Der flämische Barockmaler Peter Paul Rubens quetschte die schwabbligen Schönheiten und später nach ihm benannten Damen sogar auf Leinwand. Passend dazu verwendete der große Meister Ölfarben. Übergewicht galt zu jener Zeit als absolutes Schönheitsideal. Pausbäckige Fettwänste mit Doppelkinn, feiste Stiernacken und dreifach aufgesetzte Hüftringe, die selbst Walrösser vor Neid erblassen ließen, zeigten den ausgemergelten und an Hungerödemen leidenden Hungerleidern: Selbst fressen macht dick!

Dieser Satz gilt natürlich noch heute. Jedoch vom Wohlstandsspeck deformierte Steuerzahler haben jede Zugangsberechtigung zu den Schönheitswettbewerben unserer Zeit verwirkt. Von Misswahlen werden aus dem Leim gegangene Bewerberinnen ausgeschlossen. Sie sind in den Augen der Veranstalter missraten. Dicke eignen sich allenfalls noch zur Werbung für Rumkugeln, da sie, bedingt durch ihre Körperfülle, gern rumkugeln. Schlanksein liegt im Trend. Die fetten Zeiten sind vorbei. Mit anderen Worten: Wir leben in einer Dürreperiode. Und dieser Umstand steht bereits als Prophezeiung geschrieben in der Bibel: „Eine lange Dürre wird kommen!"

Dank der demokratisch freien Grundordnung darf sich jeder Bürger nach seinem Ideal verunstalten. Auf dem Weg zum Schlankheitswahn hungern sich manche fast zu Tode und geben gern das Maskottchen der Welthungerhilfe. Nicht wenige bohren sich Stricknadeln und anderes rostfreies Edelmetall durch die Weichteile. Wieder andere

„... später ein langes Gesicht oder ein breites Grinsen,
also, das Tattoo auf Brust oder Po?"

31

tragen ihre Haut zum Markte eines Tätowierers und lassen sich von den Haarwurzeln bis zu den Zehennägeln mit Tinte beschmieren wie hässliche Graffiti auf Häuserwänden.

Besonders beliebt ist der Genitalbereich. Er hat so etwas Intimes. Männer lassen sich gern den Penis tätowieren, mit einer Fliege vorn drauf. Das krabbelt so schön, auch wenn dieses Standbild nicht krabbeln kann. Frauen bevorzugen ihren Venushügel, auf dem sie sich ein paar Worte kritzeln lassen: „Schau mal wieder rein!", oder: „Kannste stecken lassen!"

Im australischen Queensland muss sich allerdings ein 21-jähriger Hobby-Tätowierer wegen Körperverletzung verantworten. Er hatte einen vier Jahre älteren Freund zu einem Tattoo überredet. Damit würde er voll cool seine Freundin überraschen können. Geduldig legte sich der Überrumpelte auf den Bauch und ließ sich in Erwartung des vereinbarten Motivs den Rücken besticken. Doch anstatt des vereinbarten Drachenmotivs tackerte dieser einen erigierten Penis zwischen die Schulterblätter seines Freundes. Nach überstandenen Leiden eilte dieser nach Hause und präsentierte seiner Liebsten mit stolzgeschwellter Brust den vermeintlichen Drachen. Der jungen Frau blieb vor Schreck das Lachen im Rachen stecken.

Aus diesem Vorfall kann man etwas fürs Leben lernen: Eitelkeit ist eine Zier, erträglich wird es erst mit Schnaps und Bier. Und die Folgen für den leichtgläubigen Australier: Bei seiner Freundin sah er keinen Stich mehr.

Am Hoden zerstört

Wie PISA-Studien regelmäßig beweisen, verfügen Jugendliche über einen eigenen Kopf, nicht aber immer über Köpfchen. Bis erste pubertäre Schübe einsetzen, bleibt der familiäre Frieden zunächst gewahrt. Doch kaum flattern zwei, drei flauschige Schamhaare in Tanga oder

Boxershorts, bricht plötzlich der kalte Krieg aus. Dann werden Kinderzimmer zu Trotzburgen. Und obwohl die Teenies noch nichts vom Leben wissen, wissen sie alles besser. Schlagartig und schlagfertig sagen sie nichts mehr und lassen sich auch nichts mehr sagen.

Ein 17-jähriges Mädchen aus Bielefeld schaltete total auf stur und ließ sich vom eigenen Vater nicht in ihr dürftiges, vielmehr gewöhnungsbedürftiges Liebesleben reden. Hört sich erstmal nicht spektakulär an, aber der Liebhaber des blutjungen Girls war ganze vierzig

„Ich fragte: Bauer, kannst du mir ein Ei abtreten?"

Jähre älter, hätte damit ihr Großvater sein können. Immerhin war er sogar zehn Jahre älter als ihr leiblicher Vater. Das brachte den Erziehungsberechtigten derart auf die Palme, dass er freiwillig zur Polizei ging, um das unsittliche Verhältnis zwischen dem greisen Zausel und seiner minderjährigen Tochter behördlich verbieten zu lassen. Leider ohne Erfolg! Was wieder an das alte Sprichwort erinnert: Wenn die Liebe naht, hilft kein Stacheldraht.

Der gedemütigte Vater sah keinen anderen Weg und griff nicht nur zur Selbstjustiz, sondern zum Penis seines Peinigers. Zwei Komplizen, die ihn dabei tatkräftig beziehungsweise täterkräftig unterstützten, hielten den alten Lüstling an den Oberarmen fest, um eine Gegenwehr zu verhindern. Die Lage stand sozusagen auf des Messers Schneide, denn der Vater packte das Übel an der Wurzel. Und dann, mit einem einzigen Schnitt, entjungferte – vielmehr entmannte er seinen ungeliebten Schwiegersohn.

Anschließend rief der Vater einen Notarzt und stellte sich der Polizei. Doch bei allem, was recht ist, mit dieser Aktion hat er trotz allem keinen guten Schnitt gemacht. Aus Sicht des Gepeinigten war es sogar eine hodenlose Frechheit.

Papier isst geduldig

Als Schüler habe ich diesen Tag gefürchtet wie die heilige Jungfrau einen Massagestab mit *Duracell*-Batterien. Und trotzdem brach er zweimal jährlich über mich herein, rücksichtslos und vernichtend wie der Tag des Jüngsten Gerüchts. Gleich einem Polizeieinsatz am Stuttgarter Bahnhof beendeten diese schwarzen Tage jedes Schulhalbjahr. Meine Lehrer kicherten schadenfroh, wenn sie mir die Zeugnisse meines schulischen Versagens in die feuchten Hände kneteten. Und zu Hause, vor meinem strengen Vater, kam es dann erst richtig knüppeldicke.

Das gleiche Schicksal ereilte einen französischen Jungen. Sein Vater, der offensichtlich die Weisheit mit Löffeln gefressen hatte, war so erbost über die miserablen Noten seines Sohnes, dass er ihn zwang, dessen Giftblätter zu verspeisen – ohne weitere Zutaten, versteht sich. Als wenn das was am Zensurendurchschnitt geändert hätte. Aber der

„Wenn du nicht besser lernst, endest du mal wie Mutti!"

Alte war wohl selbst nur minderbemittelt, denn er dachte sich: ‚Kluge Menschen verschlingen Bücher, da kann mein doofer Sohn auch sein Zeugnis fressen.'

Ohne aufzumucken würgte der Junge die geschnipselten Früchte seiner Lernarbeit hinunter. Dem Vater schien diese Strafe nicht Strafe genug zu sein, und er verprügelte obendrein seinen Ableger. Die Lehrer wurden auf den Vorfall aufmerksam, als der Junge mit geschwollenen Lippen und einem hübschen Veilchen in der Schule erschien. Die Pädagogen erstatteten Anzeige, obwohl der Schüler mit einem blauen Auge davongekommen war.

Wie die Zeitung *Le Parisien* berichtete, verknackte ein Gericht den Papiertiger zu zwei Monaten Haft auf Bewährung. Zudem muss er seinem Sohn einen Euro Schmerzensgeld bezahlen. In Anbetracht dieser schäbigen Summe haben die Schmerzen dem Kind nicht gerade viel eingebracht.

Viel, viel schlimmer wog aber die Tatsache, dass er den Jungen, obwohl nicht nötig, so doch nötigte, gegen das achte Gebot zu verstoßen: Du sollst kein schlecht Zeugnis essen!

Kein Schnee von gestern

Ganoven sind auch im Winter dienstlich viel unterwegs. Nicht zu verwechseln mit dem Winterdienst, obwohl der in nicht wenigen Städten und Kommunen den Tatbestand der unterlassenen Hilfeleistung erfüllt. Als Verkehrsteilnehmer gewinnt man gar den Eindruck, wenn der erste Schnee krümelt, verkrümelt sich der Winterdienst. Und während das Winterchaos vielerorts für katastrophale Straßenverhältnisse sorgt, den Verkehr teilweise lahmlegt, ziehen Langfinger daraus ihren Nutzen.

Im dicksten Schneetreiben trieb sich ein Halunke mit finsteren Absichten im vornehmen Leipziger Waldstraßenviertel umher und stieg nach Ausschankschluss in eine Kneipe ein. Da Gaststätten auch im geschlossenen Zustand öffentliche Einrichtungen bleiben, öffnete er einen Zigarettenautomaten und stibitzte Tabakwaren und Bargeld. Aus der benachbarten Kegelbahn entwendete er einen Computer. Zufrieden mit dem Ergebnis seines nächtlichen Schaffens, ging es nun ans Fortschaffen. Da er mehr gestemmt hatte, als er tragen konnte, benötigte er ein Fluchtfahrzeug. Und auch hier winkte der Zufall, getreu dem Motto: Dem Tüchtigen hilft das Glück. Er fand im Hinterhof einen hölzernen und mit zwei Kufen ausgestatteten Transporter und mit diesem jodelte und rodelte er von dannen.

Die Polizei kam, aber leider zu spät, und hatte nicht nur das Nachsehen, denn sie musste einsehen: Mit dem entkommenen Dieb konnte sie nun nicht mehr Schlitten fahren.

Luft und Liebe reichen nicht

Frisch Verliebte kennen dieses Gefühl: Schmetterlinge im Bauch. Und obwohl diese Insekten nur wenige Gramm auf die Goldwaage bringen, sind sie aufgrund des Proteingehalts sehr nahrhaft, machen aber nicht wirklich satt. Deshalb stopfen junge Liebespaare relativ wenig in sich hinein. Als Proviant reichen sie sich gegenseitig, nach der Devise: Ich könnte dich fressen – mit Haut und Nasenhaar!

Dieser emotionale Gemütszustand ist allerdings nur von kurzer Dauer, denn im Laufe des Lebens wandelt sich die Nahrungsaufnahme zur einzigen Lustbefriedigung. Nicht zu Unrecht ist Essen der Sex des Alters. Und gutes Essen ist der beste Sex. Das Futter bleibt einem wenigstens treu. Schlussendlich dreht sich alles nur ums Essen, nicht nur in der Nahrungsmittelindustrie. Leider finden aber nicht alle Menschen täglich einen reich gedeckten Tisch vor, nicht mal einen ausreichenden. Fressen gehört aber zu den Urtrieben, und um etwas in den Bauch zu bekommen, muss etwas aufgetrieben werden, damit selbiger nicht auftreibt. Kannibalismus ist letztendlich nur ein Mangel an Alternativen.

Drei russischen Obdachlosen aus der Stadt Perm am Ural tropfte bei dem Gedanken an ein saftiges Fleischgericht der Zahn. Da ihnen aber keine gebratenen Hühner ums Maul flatterten oder lecker gegrillte Spanferkel zwischen die gierigen Griffel kamen, schlachteten sie einen gut genährten 25-Jährigen, der ihnen zufällig ins Messer lief. Nach ihrem üppigen Mahl war aber noch allerhand übrig vom Schlachtfest. Also verkauften sie das frische Menschenfleisch an einen ahnungslosen Kioskbetreiber, der es zu Fleischpiroggen und Dönern verarbeitete. Obwohl die Zutaten preiswert waren, kam sie ihr Gericht teuer zu stehen, und zwar von einem Gericht. Zwei der Männer wurden zu 18 Jahren verurteilt, der dritte bekam 13 Jahre Straflager. Wahrscheinlich war seine Portion kleiner.

Etwas gesitteter ging der Mundraub bei einem 77-jährigen Harzer Roller zu. In einem Discounter versuchte der Rentner, sein Abendbrot, bestehend aus einer Zwiebel, einer Tüte Lachs und einem Stück Käse im Gesamtwert von 3,94 Euro, an der Kasse vorbeizuschmuggeln. Sechs Monate Haft auf Bewährung lautete die Antwort des

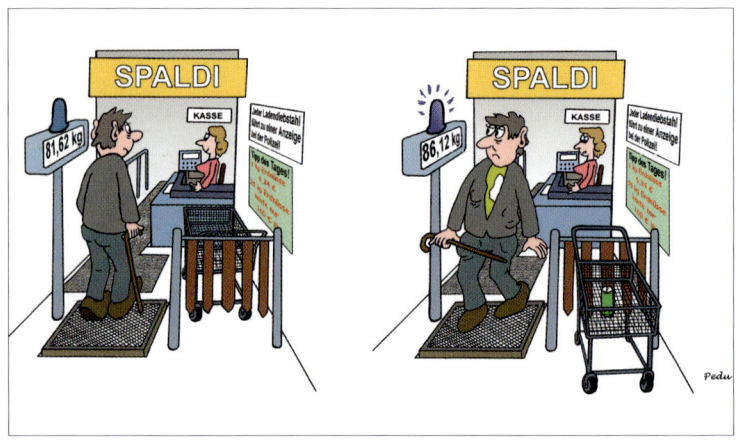

Aus dem Polizeireport: Mit dem Einsatz der Kundenwaage „Diebomat 08/15" konnte die Aufklärung beim Ladendiebstahl mehr als verdoppelt werden.

Amtsgerichts Goslar. Gar nicht auszudenken, wenn der Rentner noch eine Hähnchenkeule geklaut hätte. Vermutlich hätte ihn der Richter standrechtlich schlachten lassen.

Für einen polizeibekannten Ladendieb im Leipziger Stadtteil Leutzsch ist Mundraub kein bloßes Lippenbekenntnis. 18 Salamis packte er seelenruhig in seinen Rucksack, ehe ihn der Marktleiter am Wurstzipfel packte. Achselzuckend bestätigt der Polizeisprecher, dass sich die geräucherten Dauerwürste bei Langfingern großer Beliebtheit erfreuen. Und er verweist auf einen ähnlich gelagerten Fall, der sich kurz zuvor in der Leipziger Innenstadt ereignet hat. Ein 48-Jähriger wurde erwischt, als er sich acht Salamis in den Schlüpfer stopfte.

Vielleicht hatte der Dieb gar keinen Hunger, sondern wollte lediglich die Damenwelt beeindrucken. Trotzdem hatte er eindeutig die Hosen zu voll genommen.

Wenn's hinten wehtut

Obwohl Patienten beim Arzt nur ungern davon sprechen, unterhalten sie sich untereinander gern darüber. Ich meine die Probleme, die man mit seinem Allerwertesten haben kann. Bereits das bloße Nennen des entsprechenden Körperteils ist vielen höchst unangenehm. Da sind die Italiener lockerer. Sie haben sogar einen Fluss danach benannt. Die Deutschen versuchen es lieber mit netten Umschreibungen wie Sitzfleisch, vier Buchstaben oder Nugatschleuder.

Jeder zweite Erwachsene soll sie haben, lästige, juckende und prall gefüllte Blutblasen infolge einer rektalen Bindegewebsschwäche. Aber davon soll hier gar nicht die Rede sein. Auch nicht von den unangenehmen Untersuchungen einer Koloskopie oder Rektoskopie. Und ich weiß, wovon ich spreche, musste mich selbst schon dieser entwürdigenden Behandlung unterziehen. Es gibt wirklich angenehmere Dinge mit höherem Unterhaltungswert, als sich von hinten in den Magen glotzen zu lassen. Der Internist, Facharzt der Darmatologie, muss mir damals einen derart langen Schlauch reingestopft haben, denn plötzlich war da ein fürchterliches Kribbeln im Hals.

Zwei 34-jährige Australier bescherten sich eigenhändig ein ganz anderes Problem mit ihren Hinterteilen. Sie führten freiwillig einen Selbstversuch durch, bei dem sie die Schmerzempfindlichkeit ihrer

„W… wir schie… schie… schießen heute nicht mehr über
Kimme und Korn, sondern nach Korn auf Kimme!"

Weichteile testen wollten. Zunächst kippten sie sich mehrere Gläser Bier hinter die Großhirnrinde, um zunächst mit dieser lokalen Anästhesie ihre Leidensfähigkeit zu erhöhen. Dann luden sie ein Luftdruckgewehr und schossen sich gegenseitig mehrere Projektile in die Gesäßhälften. Klingt verrückt, was diese Verrückten da getrieben haben. Für mich hat sich aber eine ganz andere Frage gestellt: Wie werden wohl die Ärzte diese Einschussverletzungen genannt haben? – Etwa Arschlöcher?

Wenige Tage später erschienen die beiden in einem Krankenhaus mit der peinlichen Scham einer beim Sex erwischten Nonne, um sich die Geschosse herausoperieren zu lassen. Da es sich um Schussverletzungen handelte, alarmierten die Ärzte die Polizei, die die Tatwaffe konfiszierte.

Der Mensch hat zum Glück keine rückwärtigen Sehorgane, sonst hätte man sagen müssen: In diesem Fall hätte die Sache auch ins Auge gehen können.

Plattfuß ist zurück

Was waren das noch für glorreiche Zeiten, als nordamerikanische Indianer ohne Rücksicht auf andere Verkehrsteilnehmer im wilden Ritt durch die unendlichen Weiten der Prärie galoppieren konnten. Kollisionen waren dank der geringen Verkehrsdichte nahezu ausgeschlossen. Deshalb brauchten die Rothäute keine Vorschriften selbstherrlicher Verkehrsplaner. Seltene Streitigkeiten wurden außergerichtlich geklärt, mithilfe eines Tomahawks. Wenn der Bogen überspannt war, nahm man auch schon mal einen Pfeil. Wobei hier nicht der grüne Abbiegepfeil gemeint ist. Staatliche Wegelagerei war in diesen glücklichen Zeiten noch weitgehend unbekannt.

Das touristische Leben auf Indianer-Campingplätzen verlief relativ ruhig. Erst mit dem Auftauchen weißer Siedler und einem stark zunehmenden Verkehr mit Postkutschen erhöhte sich der Stressfaktor. Wenn jemand völlig entnervt ausrastete, wurde er gefragt: „Was hat dich denn geritten?"

Diese Frage beziehungsweise Anfrage erging vermutlich auch an einen 22-jährigen BMW-Fahrer, der auf der A1 in Richtung Hamburg mit 291 km/h dreimal schneller unterwegs war, als die Polizei erlaubte. Ein anderer Asphalt-Apache wurde in Weimar blitzsauber abgelichtet. Darüber war der unterbelichtete 50-Jährige derart frustriert, dass er umkehrte, seine Kamera der Marke *Canon* anlegte und zurückfotografierte. Die verwunderten Zivilbeamten machten offensichtlich dabei keine gute Figur und forderten von dem Bordstein-Irokesen die Papiere. Doch da saß der wütende Raser schon wieder hinterm Steuer, und ehe sich die Polizisten versahen, rollte er einem der beiden über die Zehen.

Der Ordnungshüter beziehungsweise sein Fuß war nach der leichtfüßigen Attacke ziemlich platt. Bloß wundern brauchten sich die beiden Sheriffs nicht. Verkehrshindernisse sind unbeliebt. Egal, ob es sich um abgelenkte Handynutzer handelt, die glauben, in einer fahrbaren Telefonzelle unterwegs zu sein. Auch Sonntags- oder Schönwetter-

Aus dem Polizeireport: Oft fälschlich als Blattschuss benannt, trägt der Plattschuss sehr effektiv zur Verkehrsberuhigung bei.

fahrer mag der allgemeine beziehungsweise gemeine Verkehrsrowdy nicht. Besonders gefürchtet sind weißhaarige Corsa- oder Polopiloten, die schlafwandlerisch durch die Rushhour zuckeln. Senioren verhalten sich nämlich im Straßenverkehr wie bei der körperlichen Liebe. Sie fahren langsamer und kommen später.

Sanktionen oder gar empfindliche Strafen müssen Temposünder, Rotsünder, Parksünder oder Spätzünder indes nicht fürchten. Die Strafe für den Hamburger BMW-Raser wird verhältnismäßig gering ausfallen, obwohl dieser eine erhebliche Verkehrsgefährdung billigend in Kauf genommen hat, bei der es hätte Tote geben können. Hier handelt es sich allerdings bloß um einen konjunktiven Fall. Wäre er ohne Waffenschein aber mit einer geladenen Waffe, ohne jemandem ein Haar gekrümmt zu haben, durch die Fußgängerzone spaziert, hätte ihn die volle Härte des Gesetzes getroffen. Bei Verkehrsdelikten drücken Staatsanwälte und Richter schon gern mal ein Auge zu, selbst wenn Notärzte den überfahrenen Opfern die Augen zudrücken müssen.

Und bei genauerer Betrachtung hat der Vorfall für den Jenaer Polizisten sogar einen positiven Aspekt, auch wenn er vorerst nicht mit beiden Füßen auf dem Boden stehen kann. Dafür kann er fortan auf großem Fuß leben.

Irre gelaufen

Auch ohne rechtskräftige Verurteilung, weil man sich strafrechtlich nichts hat zu Schulden kommen lassen, kann man im Gefängnis landen. Was in Diktaturen und Polizeistaaten an der Tagesordnung ist, kann durchaus auch in unseren liberalen und demokratischen Biotopen passieren. Meist handelt es sich dann aber um einen peinlichen Irrtum.

Ein 24 Jahre alter Mann hielt ein offenes Tor für eine Abkürzung zu einem nahe gelegenen Park und marschierte, wie einst Turnvater Jahn von seinen Jüngern forderte, auch von den jüngeren, frisch, fromm, fröhlich, aber unfrei in den Gefängnishof der JVA Hildesheim. Als er seinen fatalen Irrtum bemerkte, hatte sich bereits das Tor hinter ihm geschlossen, und er befand sich nun im geschlossenen Vollzug. Damit saß der Unglücksrabe auf alle Fälle in der Falle.

Ein ähnliches Missgeschick ereilte auch den 51-jährigen Jean-Claude Demey, der sich auf den Parkplatz der zentralen Polizeiwache der französischen Stadt Reims verfahren hatte. Nicht weiter dramatisch, mögen Sie denken. Anders sieht es aber aus, wenn man bedenkt, dass sich der belgische Mörder, mit einer lebenslangen Haftstrafe an der Backe, über zwölf Jahre auf der Flucht befunden hat, ehe er vor der besagten Polizeiwache strandete wie ein verirrter Buckelwal am Heringsdorfer Ostseestrand.

„Im Vertrauen, Jungs, mich sucht die Polizei!" – „Vertrauen gegen Vertrauen, wir sind Zielfahnder vom LKA!"

Der betrunkene Gewaltverbrecher, dem quasi noch das Blut an den Händen klebte, war mit zwei ebenfalls stark angetüdelten Kumpanen auf Zechtour und in einem Lieferwagen unterwegs, mit dem er sich, wie praktisch, selbst auslieferte. Flucht ist eine Vorwärtsbewegung, die eben auch nach hinten losgehen kann. Doch der Freiheitsdrang ist ähnlich stark ausgeprägt wie der Harndrang. Selbst mit Gewalt ist er nur schwer aufzuhalten. Nach einem kurzen, aber heftigen Handgemenge bekamen die Sicherheitskräfte die Gauner, die sie zunächst nur einer obligatorischen Kontrolle unterziehen wollten, unter Kontrolle. Die belgische Justiz konnte indes jubeln, denn sie kannte den Bankiersmörder bisher nur flüchtig. Dass er aber über einen so langen Zeitraum unentdeckt untertauchen konnte, zeigt immerhin eine gewisse Cleverness.

Ein deutscher Ausbrecher bewies, dass Dummheit Grenzen überwinden, aber auch grenzenlos sein kann. Der 54-Jährige zunächst glückliche Flüchtige schickte an die JVA Euskirchen einen Brief, in dem er die Anstaltsleitung höflich bat, ihm seine persönlichen Sachen nachzuschicken. Die dabei angegebene Kölner Adresse entpuppte sich als seine Privatadresse, von der ihn eine Polizeistreife abholte. So kamen also seine Sachen nicht zu ihm, sondern umgekehrt.

Etwas mehr Glück hatte der Hildesheimer Irrläufer, der hinter den hohen Gefängnismauern um Hilfe heulte und jaulte wie ein junger Wolf. Und ausgerechnet der Erste Bürgermeister der niedersächsischen Stadt, der SPD-Politiker Henning Blum, der zufällig am Gefängnis vorbeischlenderte und das herzerweichende Schluchzen an der Klagemauer hörte, alarmierte die Polizei, die den Unglücklichen von seinen Qualen erlöste. Wobei, gequält worden war er gar nicht, denn mit den Gefangenen war es zu keinerlei Kontakt gekommen. Aber schlimm hätte es schon für den Luftikus ausgehen können. Diese hochnotpeinliche Folter blieb ihm aber gottlob erspart, denn der sorglose Bursche hatte sich ins Frauengefängnis verirrt. Bei einer unbeabsichtigten Feindberührung wäre er da mit Sicherheit nicht wieder lebend rausgekommen. Die völlig untersexten Damen hätten den armen Mann – sozusagen entmannt.

Nicht umsonst gestorben

Für Lebensmüde, die nicht als Karteileiche enden wollen, gibt es jetzt einen Trost: Wer stirbt, muss nicht gleich tot sein – jedenfalls nicht für die Behörden. Ein Lebender gilt erst dann als verstorben, wenn der Tod zweifelsfrei durch eine autorisierte Person, wie einen Arzt, Pathologen oder Geburtshelfer, festgestellt werden konnte. Solange einer Behörde der Tod einer Person nicht angezeigt wird, lebt diese weiter, zahlt für Wasser, Strom und Heizung. Kassiert aber auch Rente, wie in Griechenland, wo Leute noch Altersbezüge abgreifen, die bereits den Bau der antiken Akropolis miterlebt haben.

Formaljuristisch spricht man in solchen Fällen von Leistungserschleichung. Das gibt es nicht nur in Sozialsystemen. Auch in Politik und Wirtschaft werden sehr häufig Zulagen, Prämien und Gehaltserhöhungen erschlichen – von Schnabelpapageien, Rektalschnecken oder Analwürmern.

Allerdings muss man fairerweise zugestehen, nicht jeder Leistungserschleicher hat im Keller gleich eine bleiche Leiche. Bei manchem sitzt sie nämlich in der guten Stube, wie bei einem 46-jährigen Mann aus Saarlouis. Von Beruf war der junge Mann Sohn, ein Job mit schlechter Entlohnung, dafür aber auch mit wenig Arbeit. Als seine Mutter friedlich dieser Welt entschlief, geriet seine Existenzgrundlage ins Wanken. So kam er auf die Idee, seine Mutter dort zu lassen, wo sie ihre Zeit am liebsten verbracht hatte – in ihrem Fernsehsessel. Dass die Seniorin vor der Glotze hinweggedämmert war, ist übrigens bei den heutigen TV-Programmen kein Wunder.

Damit war die Mutter für den zurückgebliebenen Sohn auch nach ihrem Tod noch so wertvoll wie ein Fruchtjoghurt. Da er nie auf eigenen Beinen gestanden hatte, brauchte er seine Mutter, auch wenn diese ebenfalls nicht mehr auf eigenen Beinen stehen konnte. Töricht, wenn er der Rentenkasse den Tod verpetzt und sich damit selbst um seine Lebensgrundlage gebracht hätte. Denn mit dem Einkommen der Mutter fand der Sohn sein Auskommen.

Drei Jahre konnte der Totenwächter auf diese Weise überbrücken. Erst ein anonymer Hinweis machte die berufsbedingt misstrauischen Beamten misstrauisch. Bei einer Wohnungsdurchsuchung fanden sie die skelettierte Leiche und der Rentenbetrug flog auf.

„Du sollst doch abends nicht mehr mit Mutti spielen!"

Vielleicht sollte man mit dem Sohn, wenn er vor seinem Richter steht, nicht zu hart ins Gericht gehen. Als Einzelkind wiegt der Verlust des letzten Elternteils besonders schwer, und so wird er sich gesagt haben: Lieber eine Tote im Haus als gar niemanden zum Schweigen.

Ohne Skrupel zum Rubel

Wann immer mich Zahnschmerzen plagen, lässt mich eine Frage nicht los: Warum sind Zahnärzte nur so verbissen? Sie stehen doch ganz oben in der heilenden beziehungsweise heiligen Nahrungskette. Sie sind gar die Krone der medizinischen Schöpfung, denn sie schöpfen sich durch allerlei Zusatzleistungen die Zahntaschen voll. Ihre oralen Taten bestehen in gut platzierten Implantaten, die sie meist älteren und zahlungskräftigeren Patienten ins ruinöse Gebiss zimmern, damit diese später würdevoller ihre Pflegesuppe schlürfen können.

Kein Wunder, dass sich auch Geringverdiener mal ein goldenes Inlay verdienen wollen. In der russischen Stadt Tula gab sich eine Putzfrau als Vertretung aus und extrahierte einem neunjährigen Mädchen einen gesunden Zahn. Für diesen Eingriff, oder treffender gesagt Missgriff, verlangte sie 150 Rubel. Die selbsternannte Zahnputzerin verzichtete bei ihrer brutalen Behandlung auf eine örtliche Anästhesie, worauf die Kleine vor Schmerzen ohnmächtig wurde. Dank einer Überwachungskamera, die den Vorfall gerichtsverwertbar aufzeichnete, wurde die Kurpfuscherin zu 50.000 Rubel Strafe (etwa 1.790 Euro) verurteilt.

Eines hat das arme russische Mädchen aber fürs Leben gelernt: Zahnarzt tut weh, auch wenn das die Halbgötter der kariösen Zunft nicht gern hören. Im Gegenteil, gerade Gebissklempner reagieren auf Kritik wie freie Zahnhälse, also äußerst empfindlich. Nicht wenige sind sogar derart verschnupft, dass sie hinter sich Brücken abreißen.

Sauer wurde auch ein Dentist im hessischen Gelnhausen, dessen gepeinigter Patient markerschütternde Schmerzschreie von sich gab und damit einen Großeinsatz der Polizei auslöste. Besorgte Anwohner, die glaubten, mit ihren Ohren Augenzeugen eines perfiden Gewaltverbrechens zu sein, verständigten die Sicherheitsorgane, die nur ein gequältes Häufchen Unglück auf dem weißen und weichen Behandlungsstuhl vorfanden.

Von allen nur erdenklichen Qualen, die ein Kassenpatient durchleiden muss, gehören die beim Zahnarzt wohl unumstritten zu den übelsten. Eine Zahnbehandlung tut bereits lange vor der Behandlung weh. Schon der bloße Gedanke an den pfeifenden Bohrer kann zu Schockstarre und unkontrollierten Harnabgang führen. Deshalb belegen Zahnärzte auf der Beliebtheitsskala unter Medizinern den letzten Platz, noch hinter den Pathologen. Allerdings frage ich mich: Wer hat die Pathologen auf den vorletzten Platz gewählt? Deren Patienten können es ja nicht gewesen sein, denn die können ihre Stimme nicht mehr in die Urne geben, da diese bereits dort drin ist.

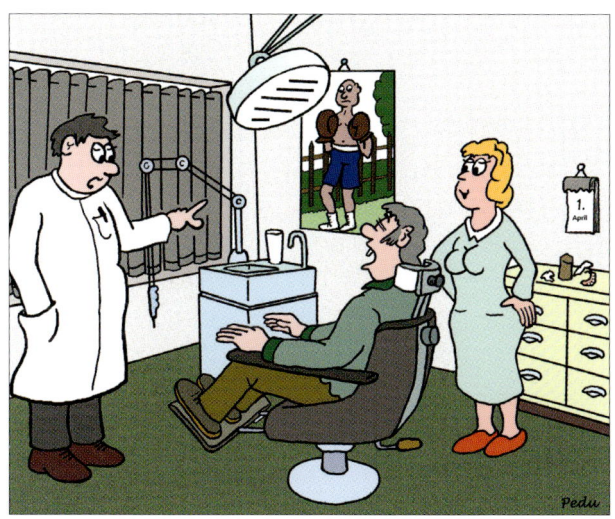

„Eine Extraktion bei mir 133,85 Euro, mein Gartennachbar Wladimir macht's für Hartzer schon ab 25!"

Nicht wenige Patienten, durch qualvolle Prozeduren eingeschüchtert seit frühester Kindheit, leiden unter posttraumatischen Belastungsstörungen. Sie haben höllischen Respekt vorm Zahnarzt. Nicht wenige Grundversicherte befallen Panikattacken bis hin zu einer behandlungsrelevanten Phobie. Und Hand aufs Herz! Wer geht schon gern zum Zahnarzt? Gut – wer keine Zähne mehr hat.

Man kann also abschließend festhalten: Zähne bereiten immer Probleme, selbst wenn man keine hat. Eine rachsüchtige 41 Jahre alte Frau aus Braunschweig stellte dies eindrucksvoll unter Beweis. Sie klaute ihrem zwei Jahre älteren Exfreund die komplette Zahnprothese. Die Polizei konnte zwar die Frau, nicht aber die 2.000 Euro teuren

Kunstzähne ausfindig machen, da die Diebin ihr Recht auf Aussageverweigerung in Anspruch nahm. Mit anderen Worten, sie machte die Zähne nicht auseinander.

Selbst als der nuschelnde Verflossene hinzugerufen worden war, verriet sie nicht, was sie mit der Prothese gemacht hatte. Auf sein Gejammer fuhr sie ihn sogar unwirsch an, indem sie ihn anbrüllte: „Du elender Jammerlappen, nun beiß doch mal die Zähne zusammen!"

Der Ausgang des Vorfalls ist noch ungewiss. Trotzdem stellen sich einige Fragen. Kann der zahnlose Exfreund beim Anblick eines saftigen Steaks sagen: „Mir tropft der Zahn?"

Weitaus tragischer wäre aber die Frage: Wie soll er ohne Zähne je ins Gras beißen können?

Die Polizei, dein Freund und Hehler

Schelmisch schmunzelnd raunt man sich in Chefetagen von Banken und Autokonzernen den Satz zu: „Kleine Gauner müssen für ihre Verbrechen bezahlen, große werden für ihre Missetaten bezahlt, und das nicht einmal schlecht." Aber das soll hier gar nicht das Thema sein. Ich möchte vielmehr darauf hinweisen, dass Kleinganoven, wenn überhaupt, nur ihr Kleinhirn benutzen. Überstürzt und völlig planlos setzen sie ihre blinden Aktionen in die Tat um. Das muss und kann nur schiefgehen. Ausnahmen geben aber Anlass zur Hoffnung:

Richtig clever gingen gerissene Diebe im hessischen Schwalm-Eder-Kreis vor. Unter dem Motto des römischen Kaisers Titus Flavius Vespasianus, der Steuern auf öffentliche Bedürfnisanstalten erhob und deshalb den Satz prägte: „Geld stinkt nicht!", drangen Stahldiebe in ein städtisches Klärwerk ein. Selbst intensivster Verwesungsgestank, fern aller menschlichen Geruchsbelastbarkeit, konnte sie nicht davon abhalten, hundert Edelstahlplatten der Randabdeckung zu demontieren. Gut 40.000 Euro betrug die Beute, selbst gebeutelt von der Schlepperei. Immerhin bringt jede Platte einen Zentner auf die Waage. Aber wie sagte schon Altkanzler Helmut Kohl so treffend? „Entscheidend ist, was hinten rauskommt." Manche versuchen eben, auch noch aus Scheiße Geld zu machen.

Völlig unüberlegt und in umgekehrter Reihenfolge ging dagegen ein Flaschendieb in Baden-Württemberg vor. Was er hinten klaute, wollte er vorn wieder zu Geld machen. Vom Hinterhof eines Supermarktes in Tannhausen entwendete er mehrere Kisten Leergut, und das war schlicht schlecht, denn die Angestellten kamen ihm auf die Schliche, als er sich vorn das Pfandgeld auszahlen lassen wollte. Hals

Aus dem Polizeireport: Es häufen sich die Fälle, in denen ein Teil der Bürger gegen die festen Ladenöffnungszeiten verstößt.

über Kopf floh der Hohlkörper vor der alarmierten Polizei, wobei er selbst einen kostbaren Pfand hinterließ: seine zweijährige Tochter samt Kinderwagen, der geduldig vorm Supermarkt parkte. Glück wiederum, dass der 28-jährige Gelegenheitsgauner der Polizei sozusagen polizeibekannt war. Die Beamten brachten das kleine Mädchen zurück zur Mutter.

Ähnlich ungeschickt stellten sich zwei Diebe an, die in Würzburg in ein Kaufhaus einbrachen. Offensichtlich kannten sie nicht das Sprichwort „Faulheit wird bestraft". Und Dummheit sowieso. Anstatt über die Treppen zu schleichen und damit gleich etwas für die eigene Fitness zu tun, entschieden sie sich für die bequemere Variante – den Lastenaufzug. Der Lift erwies sich aber als Liftikus und war zur Beförderung dieser Last beziehungsweise Belastung nicht gewillt, stellte stillschweigend seinen Dienst ein. Nach sechs Stunden Gefangenschaft im Beförderungskäfig entschlossen sich die beiden Männer im Alter von 27 und 31 Jahren, die Polizei um Hilfe zu rufen. Mit tatkräftiger Unterstützung der Feuerwehr wurden die zwei Einbrecher erst befreit, um anschließend in Untersuchungshaft gesperrt zu werden.

Und die Moral von der Geschichte: Nie und nimmer wären sie im Aufzug stecken geblieben, hätten sie, wie man umgangssprachlich sagt, ihre Aktion einfach stecken gelassen.

Die Alten schlagen zurück

Der moderne *Homo seniores* ist agil und vital wie nie zuvor in der Menschheitsgeschichte. Wer schon einmal seine müden Knochen in ein Fitnesscenter geschleppt hat, bekommt eine leise Vorstellung davon, was für ein gigantischer Wandel in westlichen Gesellschaften vonstatten geht. Die Alten werden nicht nur älter, sie bleiben auch fit wie ein bekanntes ostdeutsches Spülmittel. Einige Muckibuden suggerieren gar den Eindruck, man hätte sich in den Kraftraum eines Seniorenheims verirrt. 65-jährige Waschbrettbäuche stemmen Eisenhanteln und schlürfen literweise isotonische Getränke. 75-jährige Großmütter gleiten mit der Geschmeidigkeit afrikanischer Gazellen über Laufbänder dahin. 85-jährige Uromas strampeln sich auf Ergometern ab, als würden sie für die Tour de France trainieren.

Auch asiatische Kampfsportzentren werden regelrecht von Seniorencliquen belagert. Tai-Chi und Karate siedeln besonders hoch in der Gunst der dynamischen Oldies. Hier schulen sie neben Feinmotorik den Gleichgewichtssinn, trainieren Reaktionsschnelligkeit und üben sich in Körperbeherrschung. Besonders hilfreich bei Blasenschwäche.

Gesellschaftlich problematisch zeigt sich der gesunde Lebensstil unserer Pensionäre. Dieser hat nichts mehr mit dem Siechtum einer früher gesellschaftlich abgeschriebenen Generation zu tun. Heutige Rentner halten sich an die modernsten Erkenntnisse der Ernährungswissenschaft. Regelmäßige Kururlaube, eigentlich gut getarnte Trainingslager zur Steigerung der Kondition und allgemeinen Fitness, verstärken diesen Effekt.

„Weshalb die Polizei rufen, Mädels, den nehmen wir uns
einfach paar Tage mit!"

Der harmlos wirkende Spazierstock, den Tattergreise früher als Gehhilfe nutzten, wenn sie über holprige Pflasterwege schlurften, wird heute als äußerst effiziente Schlagwaffe eingesetzt. Viele Omas nutzen ihre Handtasche zur Selbstverteidigung und stopfen vorher, zur Erhöhung der Schlagkraft, eine Zweikilohantel hinein. Auch der Regenschirm wird hin und wieder zweckentfremdet und als Rettungsschirm eingesetzt. Als Hieb- und Stichwaffe offenbart er eindrucksvoll sein Gefahrenpotenzial. Ich habe selbst miterlebt, mit welch brutaler Entschlossenheit und beeindruckender Wirkung eine ältere Dame einen Handtaschenräuber sprichwörtlich in die Flucht geschlagen hat. Sie rammte dem Gauner die Stahlspitze ihres Stockschirms in den Allerwertesten und schrie dem Flüchtenden wütend hinterher: „Das nächste Mal spann ich ihn auf!"

Für Taschendiebe und Straßenräuber keine rosigen Aussichten, denn in den zurückliegenden Jahren hat ihre Zielgruppe unmerklich aufgerüstet wie ein militanter Schurkenstaat. Immer öfters gerät für kleine Straßengauner der tägliche Broterwerb zur Farce.

Im australischen Sydney wurde eine unglaublich agile 82-Jährige für eine käufliche Dame gehalten, denn der Gauner sagte sich: „Die kauf ich mir." Das ging natürlich gründlich schief. Obwohl ihr der Handtaschendieb ein Messer an den Hals drückte, wehrte sich die rüstige Seniorin, und zwar entrüstet. Doch damit nicht genug. Ihre sieben Jahre ältere Freundin warf sich todesmutig in den erbitterten Zweikampf und haute dem Ganoven ihre Handtasche um die Ohren. Als sich dann aber noch eine gewaltbereite vergleichsweise jugendliche 71-Jährige in die raufende Meute stürzte, war das Fass endgültig am Überlaufen und der Dieb gab genervt auf. Er hatte praktisch ohne Kapital kapituliert.

Das engagierte Handeln des Schlägertrios, das couragierte Auf- und Nachtreten der Dreifaltigkeit, sollte Signalwirkung auf alle noch verängstigten Senioren haben, denen man außer selbstständigen Arztbesuchen und geführten Busreisen nichts mehr zutraut. Ein Aufruf hallt und lallt um die Welt: „Senioren aller Heime vereinigt euch!" Macht euch zum Motto: „Wir werden weder fallen, noch lassen wir uns alles gefallen!" Und der Erfolg gibt ihnen recht, denn ihr neuer Kampfspruch lautet: „Eine fitte Oma haut jeden Gauner gleich ins Koma."

Schöner Tod mit Flüssigbrot

Wenn Alkoholiker erst einmal ausgetrocknet sind wie ein Flussbett in der tansanischen Serengeti, ist ihnen jede Form hochprozentiger Nahrung verboten. Kein Bier, kein Schnaps – nicht einmal ein Gläschen Wein! Ist das nicht zum Weinen? Sie müssen sogar auf Weinbrandbohnen verzichten. Selbst beim Durchblättern der *Praline* können sie rückfällig werden.

Dabei hat der Alkoholgenuss eine lange Tradition. Die leberfreundliche Droge genießt eine hohe gesellschaftliche Akzeptanz. Deshalb lautet mein Lebens- beziehungsweise Trinkmotto: „Ist die Leber erst mal hart wie Stahl, ist der Rest dann auch egal." Kein Fest, auf dem nicht feste gesoffen wird. Und hier liegt die Gefahr. Schnell wird aus dem Brauch Missbrauch. Andererseits, so behauptet jedenfalls der Volksmund: Kein Alkohol ist auch keine Lösung!

„Das liegt am Alkohol!" – „Sagen Sie das meiner Ollen, die denkt, es liegt an mir!"

Menschliche Trinkgewohnheiten haben nun auf die Tierwelt übergegriffen. In der rumänischen Schwarzmeerstadt Constanta haben Vögel zünftig gefeiert. Dabei hatten sie einen ordentlichen Zug drauf. Kein Wunder, es waren ja auch Zugvögel. Sie verspeisten die bei der Weinproduktion anfallenden Traubenreste und gaben sich damit den Rest. Denn allesamt verendeten an einer Alkoholvergiftung, wie die Analyse ihres Mageninhalts ergab. Bei den komischen Vögeln handelte es sich keinesfalls um Schnapsdrosseln, sondern um Stare.

Mich verwunderte diese Meldung überhaupt nicht. Viele Stars hat der Alkohol dahingerafft: Marilyn Monroe, Dean Martin, Richard Burton oder Harald Juhnke. Aber auch berühmte Leute meiner Zunft genossen mit Freude und Freunden volle Gläser: Ernest Hemingway, Charles Baudelaire, E.T.A. Hoffmann oder Edgar Allan Poe. Selbst Komponisten wie Ludwig van Beethoven starben durch den Suff, und dies ziemlich süffisant.

Und was sagen uns diese tragischen Schicksale? Trunksucht führt in jedem Fall zum Tod, Abstinenz aber auch. Bescheidene Enthaltsamkeit kann also nicht schaden. Man sollte es aber auch nicht übertreiben, indem man so untertreibt wie Gesundheitsapostel Johannes Heesters. Noch im gefühlten Alter von 135 Jahren kreischte er wie eine beschwipste Lachmöwe von der Bühne, dabei wurde er am Flügel angelehnt wie ein Schrubber, den man achtlos in eine Ecke stellt. Dann schon lieber einen übern Durst trinken. Prost!

Schluss nach Schnappschuss

„Sage nicht alles, was du weißt, aber wisse immer, was du sagst." – Diese Erkenntnis, die man genialer kaum in Worte fassen kann, purzelte vor über zweihundert Jahren dem deutschen Dichter Matthias Claudius aus dem Kopf. Die Industrierevolution steckte zu dieser Zeit noch in den Kinderschuhen. Zeitungen waren rar, erschienen in der

Regel unregelmäßig. Nachrichten und Neuigkeiten mussten aufwendig mit Flugblättern oder per Flugschrift verbreitet werden. Wer der Welt etwas Interessantes mitzuteilen hatte, musste einen immensen Aufwand betreiben. Heute reicht ein Klick und der Botschafter ist klicklich, da seine lapidaren Nachrichten in Windeseile um den Globus gurken.

Zu Claudius' Zeiten nutzte kaum einer das Internet mit seinen gigantischen Verbreitungsmöglichkeiten, wohl nicht einmal Bill Gates' Vorfahren. Heinrich Himmler, leitender Gestaposchlächter, hätte sich nach den virtuellen Netzwerken, die Geheimdiensten Türen und Windows öffnen, die Finger blutig geleckt. Auch der oberste Stasichef Erich Mielke hätte Facebook oder Twitter zur sozialistischen Chefsache erklärt, denn das Politbüro interessierte sich für jeden Furz, der außerhalb seines Machteinflusses für Furore sorgte. Denn in der DDR stank es auch außerhalb der Chemiestandorte gewaltig.

Bevor das Internet online ging, mussten antiquierte Schlapphüte Delinquenten noch aufwendig bearbeiten. Um ihren Willen zu brechen, mussten sie dies vorher mit deren Fingern tun. Und nicht einmal da war sicher, ob aus den geschundenen Kreaturen etwas herauszubekommen gewesen wäre. Wer nichts weiß, kann auch nichts sagen. Und wer heute nichts zu sagen hat, heftet seine wertlosen Informationen an die Infotafeln der virtuellen Welt. Wir ertrinken in einer bedrohlichen Flutwelle tödlicher Belanglosigkeiten.

Internet-Netzwerke sind nichts weiter als die Litfaßsäulen oder die Schwarzen Bretter des medialen Zeitalters. Wer hier etwas breittritt, braucht sich nicht zu wundern, dass er anschließend selbst breitgetreten wird. Das ist, als würde ein Verliebter seine schwulstigen Botschaften in einem offenen Brief versenden. Ehe die Zeilen bei der Angebeteten eingetroffen sind, ist das Pamphlet bereits abgegriffen wie die Türklinke einer öffentlichen Toilette.

Am anderen Ende der Welt hat ein frisch Vermählter ziemlich alt ausgesehen. Erst heiratete dieser Idiot still und heimlich, um anschließend seine Hochzeitsfotos bei Facebook hochzuladen. Darüber war seine Frau ganz schön geladen, als sie zufällig beim Surfen auf die Beweisfotos stieß. Nur damit kein Zweifel aufkommt: Seine Frau war nicht die Braut. Wenige Wochen nach seiner ersten Hochzeit ehelichte er in Hongkong eine zweite Frau. Die Auswirkungen dieses Vorfalls beschreibt haargenau der Titel meines ersten Buches mit Glossen: „Doppelt hält schlechter".

„Der Mann neben eurer Buchhalterin, der sieht ja aus wie du?" – „Das ist noch gar nichts. Ihre Kinder gleichen sogar unseren!"

Frau Nummer eins, der er sagte, er würde in China Verwandte besuchen, beantragte vor einem australischen Familiengericht die Annullierung der Ehe. Ob das den Bigamisten gestört haben wird? Keine Ahnung. Aber immerhin: Schlecht gegangen ist immer noch besser als dumm gelaufen. Fortschritt kann auch Rückschritt bedeuten. Als Australier hätte er aber eines bedenken müssen: Wirf niemals einen Bumerang weg!

Für die Zukunft wird er eines gelernt haben: Neben Bankgeheimnis, Briefgeheimnis oder der ärztlichen Schweigepflicht gibt es auch eine intime Schweigepflicht. Privatangelegenheiten gehören nicht in die Öffentlichkeit. Es ist und bleibt eben kein Betriebsgeheimnis, wenn der Chef seine Sekretärin zu einem Kongress mitnimmt und nach der Rückkehr ziemlich mitgenommen aussieht. Sekretärinnen lieben Zimmerpflanzen und mögen das gefederte Vieh. Sie sind praktisch gut zu Vögeln.

Manchmal kommt's ganz dicke

Angst ist ein Urinstinkt, der auch einem schwachen und trägen Geschöpf in Bruchteilen einer Sekunde zu gewaltiger Kraft und immenser Schnelligkeit verhelfen kann. Wann immer eine Kreatur Gefahr wittert, wappnet sie sich für den Überlebenskampf oder ergreift die Flucht. Wenn ich Unheil heraufziehen sehe, beginne ich nicht nur zu schwitzen, sondern auch schneller zu laufen. Vielleicht transpiriere ich auch nur deshalb, weil ich plötzlich wie ein Bekloppter um mein Leben renne. Zum Beispiel spätabends in einer spärlich beleuchteten Straße, wenn eine Horde jugendlicher Girls vor mir flüchtet. Am Tage weiche ich glatzköpfigen Stiernacken aus. Auch um stark tätowierte Muskelprotze schlage ich einen großen Bogen. Und wenn uniformierte Beamte hinter mir her sind, lege ich rekordverdächtige Zeiten hin.

Seitdem ich aber eine schockierende Zeitungsmeldung gelesen habe, ist eine weitere Gruppe Angstmacher hinzugekommen – Übergewichtige, eine ernstzunehmende Bedrohung. Reiner Calmund oder die Wildecker Herzbuben sind nur die Spitze des Fettberges. Dicke verspachteln weitaus mehr Kalorien als der Normalgewichtige. Mit anderen Worten: Wo einer für zwei frisst, muss ein anderer hungern. Im statistischen Durchschnitt sind allerdings beide satt. Daher wohl auch der Spruch: „Allein essen macht dick!" Irgendwoher müssen ja die überschüssigen Pfunde kommen, die sogar als wirkungsvolle Waffe eingesetzt werden können.

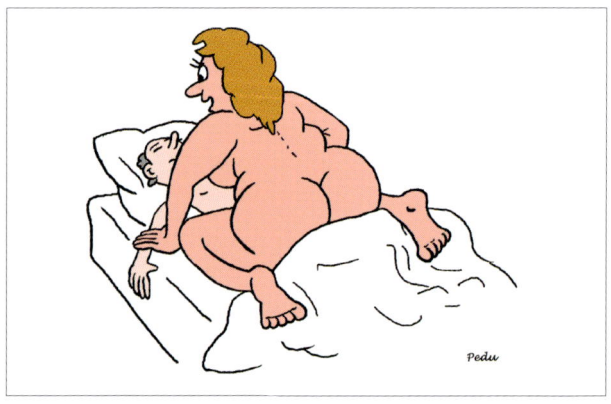

„Da biste platt, was?"

Eine fettleibige Dame hat, wie passend, in Essen ihren Exfreund nicht vor Freude gedrückt, sondern aus Frust erdrückt. Der 67-jährige Mann lag, durch Krankheit geschwächt, im Bett, als sich das schwere Mädchen kurzerhand auf ihn legte und wartete, bis dieser nicht mehr zappelte. In der Physik gibt es dafür sogar einen Begriff: das Gesetz der Schwerkraft. Die Gesellschaft hat auch ein passendes Gesetz: das Strafgesetz.

Und eines hat dieser Vorfall humaner Sterbehilfe deutlich gezeigt: Mediziner haben tatsächlich recht, wenn sie behaupten: Übergewicht ist nicht nur ungesund, sondern kann sogar lebensgefährlich werden.

Vom Trieb vertrieben

Für Sexualforscher ist es kein Geheimnis: Frauen und Männer unterscheiden sich nicht hauptsächlich durch ihre unterschiedlichen Fortpflanzungsorgane, sondern im absolut konträren Anwenderverhalten. Während Frauen in der Lage sind, ihren Trieb bewusst zu steuern, können Männer beide Organe, also Geschlechtsteil und Gehirn, nicht gleichzeitig benutzen. Was sich die Natur dabei gedacht hat, entzieht sich meiner Kenntnis. Vielleicht sollen Männer, deren Aufgabe darin besteht, den Fortbestand der Art zu sichern, sich blindlings auf alles stürzen, was sich nicht rechtzeitig in Sicherheit bringen kann. Quasi ein ergebnisorientiertes Paarungsverhalten.

Frauen achten zudem streng auf die Unversehrtheit ihrer anatomischen Beschaffenheit, als würde es sich um eine vom Aussterben bedrohte Tierart handeln, wie beispielsweise die anatolische Nacktschnecke. Dieses verhaltene Verhalten gleicht dem zickigen Gebaren eines Oldtimerbesitzers, der sein kostbares Stück auch nur an sonnigen Sonntagen herausholt. So manche Frau – bei Nonnen kommt das ziemlich häufig vor – hält ihr bestes Stück bis zum Ende ihrer Tage unter Verschluss. Auf den Grabsteinen solch keuscher Frauen steht dann später die Inschrift: „Unbenutzt zurück!"

„Bringe ihm erst mal bei, dass man vor einer Dame aufsteht!"

Deshalb hat mich folgende Zeitungsmeldung sehr irritiert: „Frau will zu viel Sex – Mann ruft die Polizei." Bitte nicht falsch verstehen! Der arme Kerl rief um Hilfe, nicht nach Verstärkung. Der 43-jährige Münchner flüchtete nach bereits mehrfach geleisteten Liebesakten auf den Balkon seiner sexbesessenen und nimmersatten Bekannten, weil er oder es nicht mehr konnte, wie sie wollte. Von dort aus alarmierte er mit seinem Handy die Polizei.

Dieses Sexbiest muss vom anderen Stern sein, war meine erste Vermutung. Mit meinen Erfahrungen deckte sich das so überhaupt nicht. Auch einer entsprechenden Studie der Universität Ohio, wie oft Menschen unterschiedlichen Geschlechts täglich an Sex denken, ist mit äußerstem Argwohn zu begegnen. Demnach sollen Männer im Laufe eines Tages 18 Mal ans Thema Nummer eins denken. Hallo! So unterschätzt ihr uns! Das schaffen wir locker bis zum zweiten Frühstück. Frauen, so die Studie, sollen immerhin täglich zehn Gedanken an Sex verschwenden. Kaum zu glauben! Ich halte das für eine maßlose Übertreibung. Das ist doch die Quote eines halben Jahres.

Letztens überraschte mich meine Frau mit der Frage: „Schatz, wollen wir mal 'ne neue Stellung ausprobieren?"

„Ja, ja, gern", hechelte ich erwartungsfroh.

„Gut", erwiderte sie, „ich geh ins Bett, und du räumst den Geschirrspüler aus!"

Doch zurück zur Münchner Nymphomanin. Ich hielt diesen Typus jahrelang für reines Wunschdenken untersexter Machos, ein Fabelwesen skurriler Fantasien, ein herbeifantasierter Querschläger der Evolution. Das geile Luder erwartet jedenfalls ein Strafverfahren wegen sexueller Nötigung und Freiheitsberaubung. Ob sie sich einsichtig zeigt, bleibt fraglich. Schließlich hat sie sich im Grunde genommen nichts vorzuwerfen und diesen juristischen Ärger nur, weil dieser lahme Sack nicht mehr zur Stange halten konnte.

Video vom Po

Zwei Einblicke sollten in einer zivilisierten Gesellschaft tabu sein: Frauen schielen nicht ins Portemonnaie eines Mannes und Männer nicht unter den Rock einer Frau.

Ein französischer Allgemeinmediziner aus Saint-Étienne prakti-
zierte aber gerade dies mit List und Tücke. Der 50-jährige Arzt schaute mit einer Videokamera, die er am Schuh befestigt hatte, seinen
Patientinnen unter die Röcke. Darüber wurde eine Dame, die das
schlüpfrige Hobby des Voyeurs entdeckte, verröckt. Diese ausgefal-
lene Art optischer Unterleibsvisite, so jedenfalls sah es das Gericht,
verletze die Intimsphäre der Patientinnen. Es verurteilte nicht nur das

„Das ist ganz neu, zur Früherkennung von Diarrhoe!"

perverse Vorgehen, sondern auch den Wüstling zu drei Monaten Haft
auf Bewährung. Damit kam er mehr als glimpflich davon. Selbst die
Zahlung einer Entschädigung in Höhe von 1.600 Euro fiel da kaum
ins Gewicht.

Was den Mediziner überhaupt zu diesen primitiven und unmorali-
schen Aktivitäten getrieben hat, bleibt mir ohnehin schleierhaft. Der
muss doch nicht mehr alle Spritzen im Schrank gehabt haben. Als

Arzt hätte er doch sein Ziel viel leichter erreichen können. Gerade als Hausarzt wäre es doch niemandem aufgefallen, wenn er die Objekte seiner Begierde beim jährlichen Gesundheitscheck freundlich aufgefordert hätte: „Machen Sie sich bitte frei, besonders untenrum!" Jede Patientin, die in sein Beuteschema passte, hätte er dazu auffordern können, selbst wenn sie mit einem verstauchten Knöchel oder entzündeten Mandeln in seine Praxis gekommen wäre.

Und dann hätte er mit Muße und in Ruhe und vielleicht sogar noch mit einer Lupe den weiblichen Körper Millimeter für Millimeter erforschen können, vom Nagelpilz bis zu den Haarschuppen. Damit hätte er sich gar den Ruf eines gewissenhaften und gründlichen Arztes erwerben können. Und ohne in Verdacht zu geraten, hätte er bestimmte Regionen besonders intensiv begutachten können. „Oh, eine Genitalfistel. Das muss ich aber genauer untersuchen."

Als Hausarzt war er gegen seine Fachkollegen klar im Vorteil. Bei einem Zahnarzt wäre es den Patientinnen doch sofort verdächtig erschienen, wenn er ihnen befohlen hätte: „Ziehen Sie sich bitte aus! Ich brauche mal wieder eine Wurzelbehandlung." Sofort wäre ein HNO-Arzt aufgeflogen, wenn er zu einer attraktiven Patientin mit Schluckbeschwerden gesagt hätte: „Oh, den Gebärmuttermund schau ich mir aber mal etwas näher an." Und dann hätte er seine Nase sozusagen in fremde Angelegenheiten gesteckt.

Auch die Patientinnen sollten etwas aus diesem Vorfall gelernt haben. Es ist eben wirklich besser, wenn Frauen auch bei Ärzten die Hosen anhaben.

Auf den Inhalt kommt es an!

Eine Made im Apfel ist schlimm. Schlimmer ist aber eine halbe Made im abgebissenen Apfel. Anderes Beispiel: Lieber Marmelade im Pfannkuchen als eine Fliege in der Konfitüre. Oder im Bierglas, auch nicht schön. Noch ein Beispiel? Lieber Haare auf den Zähnen als in der Suppe.

Lebensmittel eignen sich nun aber mal hervorragend für Versteck-spiele. Und Köche drittklassiger Kaschemmen schätzen die kostengünstige Entsorgung verdorbener und ungenießbarer Ware, die, gut gewürzt, noch das Prädikat „lecker" einbringen kann. Die Liste der Möglichkeiten ist lang und erfreut sich regionaler Unterschiede. Es gibt Gegenden, da werden Maultaschen geschätzt. Andernorts gilt die gefüllte Paprikaschote als Schmeckerchen. Und wieder in anderen Landstrichen sind Krautwickel der Favorit. In ärmeren Regionen begnügt man sich mit gefülltem Schnittlauch. Hauptsache, was drin. Und so entpuppt sich manche Speise als faules Überraschungsei.

Französischen Medizinstudenten kam während eines Sezierkurses eine makabre Idee. Sie amputierten den Finger einer toten Frau und implantierten diesen in einen Käse. Vielleicht erste zaghafte Versuche einer neuen Form von Transplantationsmedizin, werden Sie jetzt denken. Fehlanzeige! Die Studenten erlaubten sich einen üblen Scherz, denn der Käse war für den Chef des Unternehmens gedacht, in dem sie gerade ein Praktikum absolvierten.

Da die Franzosen als Gourmets gelten und vor der Nahrungsaufnahme mit ihrem Speisen kommunizieren, bemerkte der Unternehmer, dass sein Käse eine Fleischbeilage enthielt, wenn auch keine schmackhafte. Nach dem Riesenschreck alarmierte er die Polizei, die von einem tragischen Arbeitsunfall beim Käseproduzenten ausging. Denn niemand hat so viele Finger, als dass er sich freiwillig von einem von ihnen trennen würde. Fragen Sie mal einen Tischler oder einen Arbeiter aus einem Sägewerk!

Trotz aufwendiger Recherchen endeten die Ermittlungen der Beamten in einer Sackgasse. Aufklärung kam erst, als die Studenten kleinmütig ihren Streich eingestanden, ohne dass man ihnen die Daumenschraube anlegen oder Finger brechen musste. Ein juristisches Nachspiel müssen sie nicht fürchten, denn Tote haben generell keinen Anspruch auf Schmerzensgeld.

Bleibt nur zu hoffen, dass dieses Beispiel keine Schule macht. Gerade die organisierte Kriminalität, die immer nach neuen Entsorgungsmöglichkeiten sucht, könnte hier Anregung finden und so manche

„Es geht um die untersuchte Leberwurst. Welche Blutgruppe hat Ihr vermisster Fleischer?"

Leiche als 5.000-Teile-Puzzel unter die Leute bringen. Eine Lehre sollte man auf jeden Fall aus diesem Vorfall ziehen: Stets mit offenen Augen und in Ruhe essen. Denn manchmal steckt eben mehr drin, als man denkt.

Ein Wort zur rechten Zeit erspart so manches Leid

Fremdsprachen haben noch keinem geschadet, besonders Dolmetschern nicht. Doch auch der in der Weltgeschichte herumreisende Tourist sollte etwas Ausländisch können. Dabei muss man eine andere Sprache nicht einmal perfekt sprechen, um sich in der Fremde irgendwie durchschlagen zu können. Oftmals reichen ein paar einfache Worte, um mit den Eingeborenen warm zu werden, besonders im kalten Russland. „Sa sdorowje" ist schon die halbe Miete. Ein durstig hinterher gehauchtes „Sto gramm wodka, please" macht die Freundschaft perfekt. Wem dann auch noch akzentfrei „Druschba, Babuschka" über die Lippen kommt, der darf zu Borschtsch und Pelmeni bleiben.

Fremdsprachen haben allerdings, das möchte ich keineswegs verschweigen, für diejenigen unter Ihnen, die große Erwartungen in ihre sprachliche Ausbildung legen, gewaltige Nachteile. Auf Mallorca funktioniert Russisch kaum. Auch mit Polnisch, Griechisch oder Suaheli kommt man nicht wirklich weiter. Wichtig ist, die richtige Sprache am richtigen Ort.

Das beherrschte ein Papagei in Ibbenbüren nahe Osnabrück. Mit einer täuschend echt klingenden Kinderstimme konnte er die deutschen Worte „Mama", „Papa" und „Mama, komm!" trällern. Als er von seinem urlaubenden Frauchen allein gelassen und von der Pflegekraft vernachlässigt worden war, rasselte er munter und ohne Unterlass sein Repertoire herunter wie Andrea Berg beim Abnudeln ihrer Schnulzen.

Eine Nachbarin hörte die Hilferufe und alarmierte die Rettungskräfte. Ziemlich besorgt machten sich Polizei und Feuerwehr auf zu diesem seltsamen Einsatz. Auch die Beamten vernahmen die verzweifelten Hilferufe und sahen sich genötigt, da weder aufs Klingeln noch aufs Klopfen jemand reagierte, die Tür aufzubrechen. Als sie die Wohnung betraten, empfing sie der Papagei, quietschvergnügt und munter plappernd: „Mama, Papa, Mama, komm!"

Wer weiß, was ohne Deutschkenntnisse aus ihm geworden wäre.

Der bunte Vogel hat gequatscht, wie ihm der Schnabel gewachsen war. Und er hat dafür keine Federn lassen müssen.

Dem Alkoholgenuss folgt satter Stuss

Schon vor Herbert Grönemeyers bekanntem Song, in dem er Alkohol musikalisch huldigte, denn er krächzte: „Alkohol ist dein Sanitäter in der Not …", war das maßvolle und massenweise Trinken gesellschaftsfähig geworden. Schon die alten Germanen löteten sich bei ihren Gelagen ordentlich zu. Auch die Römer, Erfinder des gleichnamigen Topfs, standen den berauschenden Getränken nicht abgeneigt gegenüber. Die Russen haben sogar einen richtigen Volkssport daraus gemacht und begründeten den Slogan: „Besoffen wie tausend Russen."

Alkohol ist an sich eine feine Sache. Auch für den Staat. Der dachte sich: „Wenn alle trinken, will ich dafür wenigstens Trinkgeld." Und so erfand der listige Fiskus die Alkoholsteuer. Seither ist Saufen eine Bürgerpflicht und für die aktivsten Trinker sollte Vater Staat eine gebührende Auszeichnung aus der Taufe heben: das „Bundesbesoffenenkreuz mit Hopfenlaub".

„Herr Wachtmeister … hick … ich trinke … hick … auch für Ihr Gehalt."

„In Ordnung, weiterfahren!"

Handel und Schankwirtschaften bescheren alkoholische Getränke gute Umsätze. Kein Säufer würde in die Eckkneipe gehen, wenn dort laktosefreie Magermilch ausgeschenkt werden würde. Und auch die Glasindustrie verdient kräftig mit. Ehe eine Flasche abgefüllt werden kann, muss zuvor eine Glasflasche hergestellt werden.

Alkohol hat aber auch eine Schattenseite, die der Kölner Theaterschauspieler Willy Millowitsch in seinem Karnevalsklassiker eindrucksvoll besingt. Ernüchternd lässt er uns wissen: „Schnaps, das war sein letztes Wort. Dann trugen ihn die Englein fort."

Alkohol löst also keine Probleme, obwohl er in die Gruppe der Lösungsmittel gehört. Dahinein gehört aber auch Wasser, welches wesentlich gesünder ist, allerdings nicht wirklich schmeckt, besonders nicht zu Eisbein mit Sauerkraut oder einem deftigen Erbseneintopf aus der Gulaschkanone.

Der größte Nachteil, den der Alkoholkonsum mit sich bringt, ist die lähmende Wirkung auf Nervenzellen, die gleich reihenweise absterben. Betrunkene gleiten sprachlich in ein frühes Entwicklungsstadium ab und nähern sich den Lautäußerungen afrikanischer Primaten. Vor allem tun sie Dinge, für die sie nüchtern keine Erklärung hätten.

„'tschuldjung, tsch… dachte, meine Fr… Fra… Frau
sitzt am Steuer!"

Im thüringischen Suhl hat eine 52 Jahre alte Kampftrinkerin beim Anblick einer roten Ampel Rot gesehen und ist einfach dagegengefahren. Bei der Kollision löste sich ihr Kennzeichen, welches sie unbeachtet zurückließ, als sie sich eilig auf Fahrerflucht begab. Ein Busfahrer, dem die demolierte Ampel auffiel, alarmierte die Polizei. Dank des zurückgelassenen Nummernschildes war die Schnapsdrossel schnell zu ermitteln. Die Alkoholprobe ergab noch satte 2,25 Promille. Ampelschaden, Gerichtskosten und die zu erwartende Geldstrafe dürfte sie auch einige Mille kosten.

Sein Handeln teuer zu stehen kommt auch einem Leipziger Autodieb. Der Autoknacker verhielt sich nämlich ziemlich beknackt. Nach getaner Arbeit kletterte er in den aufgebrochenen Wagen und wollte erst einmal auf der Rückbank seinen Rausch ausschlafen. Als die Beamten am Tatort eintrafen, schlief der 24-Jährige tief und fest. Die Ermittler bekamen den Penner nur mit größter Mühe und Geduld wach. Der junge Mann hatte knapp zwei Promille intus.

Wer sich noch an die Werbung des DDR-Fernsehens erinnert, auch unter „ttt – Tausend Tele-Tipps" bekannt, kann sich vielleicht an den mahnenden Spruch des Minol-Pirols erinnern: „Alkohol getrunken – Unglück im Nu! Bedenke vorher, den Schaden hast du!"

Acht auf einen Streich

„Es war einmal …" – so beginnen die meisten Märchen, auch wenn Ordnungshüter bei Verkehrskontrollen die dreisten Lügen der Rowdys nicht glauben mögen. „Erzählen Sie hier keine Märchen!", ist eine häufige Aufforderung, entweder bei der Wahrheit zu bleiben oder beim Flunkern etwas glaubwürdiger rüberzukommen.

Polizisten, Staatsanwälte und Richter sind gar keine so kaltherzigen Gesellen, wie ihren Berufsgruppen vorurteilsvoll immer unterstellt wird. Im Gegenteil! Ein Richter, der mit genüsslicher Vorliebe Verkehrssünder verknackte, verriet meinem Schwager, einem Anwalt, dass er Ausreden sogar strafmildernd akzeptiert, wenn sie fantasievoll erlogen sind. Wenn zum Beispiel ein volltrunkener Pfarrer ein Verkehrsschild umgenietet hat und ihm glaubwürdig versichern kann, er habe an diesem Tag zehn Leute unter die Erde gebracht und musste nach jeder Beerdigung mit den Angehörigen anstoßen, lässt er ihn straffrei davontorkeln.

Nicht schlecht staunten die uniformierten Beamten bei einer Verkehrskontrolle in Reichshof, im Oberbergischen Kreis, denn erst nach acht Delikten schloss sich der Kreis. Weil ein 35-jähriger Autofahrer den Sicherheitsgurt nicht angelegt hatte, wurde er aus dem Verkehr gezogen. Der bekiffte Mann konnte allerdings weder Führerschein noch Personalausweis vorzeigen. Spätestens jetzt wurden die misstrauischen Beamten stutzig. Sie drehten eine Runde um den Wagen und stellten fest, dass am Auto zwei unterschiedliche Nummernschilder klebten.

Der Verkehrssünder erklärte, er hätte ein Schild bei der Kollision mit einer Leitplanke verloren. Aber ohne wollte er auch nicht rum-

„Scheiß Hefeweizen, mit Pilsner wäre mir das nicht passiert!"

71

fahren, also schraubte er kurzerhand ein Überführungskennzeichen dran. Dieses war aber längst ungültig.

Redselig gestand er sogar, dass ihm das Auto gar nicht gehören würde. Nein, nicht gestohlen! Wo denken Sie denn hin? Von einem Bekannten ausgeliehen, ganz offiziell. Wovon der rechtmäßige Autobesitzer allerdings nichts wusste.

Dieser aktenkundige Vorfall hat mich an einen niedlichen Witz aus DDR-Zeiten erinnert: Die Verkehrspolizei stoppt auf der Autobahn ein Fahrzeug. „Herzlichen Glückwunsch, Sie sind der zehntausendste Benutzer dieses neuen Autobahnabschnittes und haben soeben eintausend Mark gewonnen. Was werden Sie mit dem Geld machen?" – „Na ja", antwortet der Fahrer, „erst einmal meinen Führerschein." – „Glauben Sie ihm kein Wort!", ruft die Ehefrau vom Beifahrersitz, „der redet immer solchen Stuss, wenn er besoffen ist." Plötzlich schreit die schwerhörige Oma von der Rückbank: „Ich habe euch gleich gesagt, mit der gestohlenen Kiste kommen wir nicht weit." Die Polizisten schauen sich verwundert an. In diesem Moment hören sie eine sonore Stimme aus dem Kofferraum: „Sind wir schon im Westen?"

Ausgestochen

Wer sich heute ein hübsches Tattoo wünscht, muss sich zur Realisierung seines Traumes nicht mehr zu einer langjährigen Haftstrafe verknacken lassen. Tätowierer arbeiten inzwischen auch außerhalb von Gefängnismauern, und Tattoostudios gibt es an jeder Straßenecke. Trotzdem sollte so ein Einstich wohl überlegt sein. Die unter die Epidermis gespritzten Farbpigmente verschwinden nicht mehr von allein, es sei denn, man lässt sie sich aufwendig und kostspielig weglasern. Zurück bleiben meist hässliche Vernarbungen. Eine bessere Methode der restlosen Entfernung bietet da schon die Amputation, kassenfinanziert versteht sich.

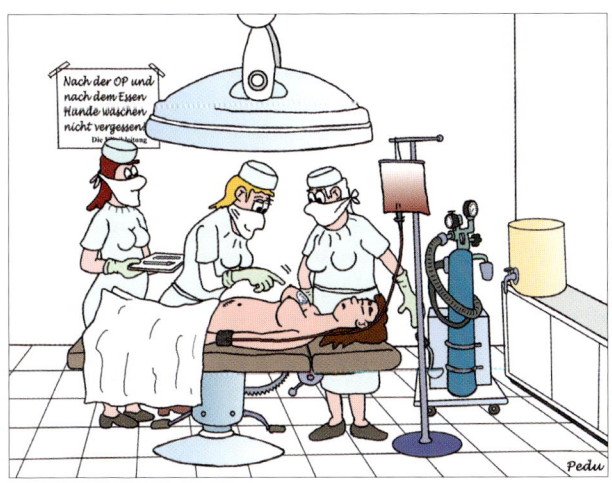

„Das Gesicht kenne ich! Entweder ist sie die Geliebte von meinem Mann oder der hat einen heimlichen Zwillingsbruder."

Ein Tattoo, das sollte jeder vorher wissen, ist also etwas für die Ewigkeit. Goldkettchen, Ohrringe, Armreifen und andere Schmuckstücke kann man wechseln oder bei Missfallen wieder ablegen. Ein gestochenes Bild bleibt, ist sozusagen Indoorschmuck. Deshalb sollte, wer wirklich nicht verzichten kann, sich Größe und Motiv genauestens überlegen. Tattoos haben nämlich einen entscheidenden Nachteil. Der Mensch altert und mit ihm seine Haut. Diese wirft mit den Jahren Falten und sonstige Verwerfungen auf. Geologen kennen diese tektonischen Aktivitäten aus der Erdgeschichte. Das Tattoo kann dann richtig übel aussehen. Aus dem prallen Busen einer Seemannsbraut, wird eine zerknitterte Hängebrust. Kein schöner Anblick!

Zur deutlicheren Veranschaulichung führen Sie bitte folgendes Experiment durch: Blasen Sie einen Luftballon auf und malen mit einem Edding ein Bild drauf! Wenn die Tinte trocken ist, lassen Sie die Luft entweichen und betrachten selbstkritisch Ihr Werk. Nun haben Sie eine Vorstellung davon, wie ein Tattoo mit achtzig aussieht, welches man mit zwanzig hat stechen lassen.

Sie zweifeln? Dann möchte ich Ihnen ein weiteres abschreckendes Beispiel geben. Ein lettischer Matrose hatte auf seinen Penis das merkwürdige Wort „Rumbalotte" tätowieren lassen. Erst im erigierten Zustand konnte man den vollständigen Wortlaut lesen: „Ruhm und Ehre der baltischen Rotbannerflotte."

Tätowieren hat also durchaus Nachteile. Deshalb dachte sich die britische Seniorin Winifred Turner aus Südwestengland: ‚Wenn Tattoos im Alter an Schönheit verlieren, dann lasse ich sie eben erst im Alter stechen.' Und so entschloss sie sich mit 92 Jahren zu diesem individuellen Körperschmuck. Inzwischen ist sie auf den Geschmack gekommen, hängt sozusagen an der Nadel, und denkt bereits über ein viertes Bildchen nach.

Die Engländerin gab gegenüber dem britischen Sender BBC zu, dass sie auf diese Art an ihren verstorbenen Ehemann Jim erinnern wollte. So ließ sie sich neben ein Herz den Schriftzug „Miss you Jim" auf den Arm stechen. Diese Anekdote mutet richtig süß an und beweist: Alter schützt vor Torheit nicht!

Für die tätowierten Worte „Du fehlst mir" kann man ja noch Verständnis haben, nicht aber für die Idee einer Rostocker Prostituierten. Auf ihrem Venushügel stand das Wort „Hafeneinfahrt".

Rollatoren eignen sich nicht für kriminelle Senioren

Vor einigen Jahren tauchte ein merkwürdiges Phänomen auf: Kinderkriminalität. Gerissene Ganoven nutzten die Tatsache der Strafunmündigkeit von Kindern aus, indem sie diese erst terrorisierten, dann zu Taschendieben ausbildeten, um sie anschließend bevorzugt in Großstädten unter Menschenaufläufe zu schicken. Eine mehr als verwerfliche Tat. Den Kindern, dies muss man in aller Deutlichkeit sagen, selbst auch denen, die nur zum Eigenbedarf ein paar Bonbons klauen, sollte die Gesellschaft mit äußerster Milde begegnen.

Ich selbst – heute, nach fast fünf Jahrzehnten, kann ich zum ersten Mal offen und ehrlich darüber sprechen – wurde im zarten Alter von nur zwölf Jahren straffällig. Die Tat von damals ist längst verjährt, aber ich weiß, wie sich dieser gewaltige Druck, klauen zu müssen, anfühlt. Einen Unterschied gab es allerdings. Mich trieb der Hunger, zumindest der Appetit auf diese würzigen und äußerst schmackhaften Lakritzstangen, von denen das Stück gerade mal zehn Pfennige (Ostpfennige wohlgemerkt) kostete.

Es war an einem frostigen Januartag. Ich wartete auf meine Straßenbahn und fror erbärmlich. Gegenüber der Haltestelle befand sich eine HO oder ein Konsum, die Supermärkte des Ostens. Also beschloss

„Lassen Sie mich sofort los, ich habe eine Runde Vorsprung!"

ich, lieber in der warmen Kaufhalle die Wartezeit zu verbringen. Da ich nicht die Absicht hatte, etwas zu kaufen, schon aus dem Grund, da ich kein Geld dabei hatte, schlenderte ich ohne Wagen durch die Regalreihen. Dem Kaufhallenchef musste dies aufgefallen sein, denn er beäugte mich schon misstrauisch, was ich aber nicht bemerkte. Als mein Blick auf die vielen süßen, leckeren Lakritzstangen fiel, war es um mich geschehen. Für Lakritze hätte ich mein Vaterland und meine Muttersprache verraten.

Ich schaute auffällig nach links und äußerst verdächtig nach rechts, ehe ich mit der Bescheidenheit eines ehrlichen Diebes drei dieser köstlichen Lakritzstangen schnappte und in meiner Jackentasche verschwinden ließ. Da spürte ich schon einen harten, energischen Griff am Kragen. Daher vielleicht die Redewendung: „Dir geht's gleich an den Kragen!" Der Verkaufsstellenleiter, so seine offizielle sozialistische Berufsbezeichnung, der mich auf frischer Tat – die Lakritzstangen waren wirklich frisch – erwischt hatte, zerrte mich in sein Büro, in dem er mich verhörte. Kleinlaut verriet ich meinen Namen und die vollständige Anschrift. Ehe er mich laufen ließ, erklärte er, dass er den Vorfall der Polizei melden müsse und mich die Kriminalpolizei in den nächsten Tagen abholen würde.

Seitdem lebe ich in der ständigen Angst, abgeholt zu werden. Selbst die neue Zeit konnte nichts gegen diese frühkindliche Phobie ausrichten. Das schreckliche Erlebnis hatte aber auch, dies gebe ich freimütig zu, einen pädagogisch wertvollen Nebeneffekt. Ich habe nie wieder geklaut, jedenfalls nicht in beträchtlicheren Ausmaßen.

Dass natürlich das Alter vor Strafanfälligkeit nicht schützt, ist dem Gesetzgeber und Juristen hinlänglich bekannt. Sonst würde es ja auch eine gesetzliche Strafunmündigkeit für Senioren geben. Beispielsweise könnte man im StGB festlegen, dass minderschwere Delikte, begangen von Personen ab dem 75. Lebensjahr, strafrelevant nicht geahndet werden.

Dann wäre einer 92-Jährigen aus Bad Homburg eine Anzeige wegen Ladendiebstahls erspart geblieben. In einem Drogeriemarkt ließ die ältere Dame mit kindlicher Naivität, so wie ich damals die Lakritze, eine 16 Euro teure Antifaltencreme in ihrer Tasche verschwinden. Die Greisin war also eine äußerst optimistische Kleptomanin. Wäre sie Pessimistin gewesen, hätte sie im Baumarkt einen Eimer Spachtelmasse geklaut.

Die Flucht der überführten 92-jährigen Diebin scheiterte letztendlich an ihrem handbetriebenen Fluchtfahrzeug. Und die Moral? Sie hätte lieber mal regelmäßig Sport treiben sollen, dann wäre sie dem Ladendetektiv entkommen.

Wie die Sache juristisch ausgegangen ist, entzieht sich meiner Kenntnis. Vielleicht wurde die hochbetagte Täterin zu Sozialstunden verurteilt: in einem Altenheim.

Kleine ganz groß – 1

Was haben wir uns nicht als Kinder kaputtgelacht über das Lied „Unsre Oma fährt im Hühnerstall Motorrad". Was hat dieser Satz eigentlich, werden Sie sich fragen, dass er unsere kindlichen Zwerchfelle derart strapazierte? Ganz einfach. Er erfüllt das humoristische Grundprinzip. Damals. Für uns Knirpse war dieser Satz saukomisch: Oma fährt Motorrad, und dann auch noch im Hühnerstall. Muss man

Aus dem Polizeireport: Auch gegenüber jüngeren Verkehrsteilnehmern sind die Formen zu wahren. Es gilt: „Führerschein, Ausweis, Fahrzeugpapiere, haben Sie Alkohol …!"

sich mal vorstellen! In unserer Zeit kaum noch möglich. Man hat sich an das Bild gewöhnt, in dem Rockerbräute, fern der Menopause, auf heißen Öfen durch Alleen heizen und den Asphalt zum Glühen bringen. Mit ihrer von Fahrtwind und Sonne gegerbten Haut wirken sie auf den Durchschnittsmann so stimulierend wie eine Büchse Kieler Sprotten.

Ein guter Gag, der uns inbrünstige Lacher abringt, braucht einen möglichst großen Kontrast, also ausreichend Fallhöhe. Dieser ist mit „Oma", steht für älterer Mensch, und „Motorrad", steht für Technik, gegeben. „Hühnerstall" könnte, dies ist aber nur meine Hypothese, Hinweis auf eine geistige Beschränktheit geben. Erfahrungsgemäß stehen junge Leute modernen Techniken eher aufgeschlossen gegenüber als ältere Menschen. Woran mag das liegen? Vielleicht an der Bequemlichkeit, sich mit neuen Dingen auseinandersetzen zu müssen. Daraus resultiert eine tief verwurzelte Abwehrhaltung. Man versucht es halt gar nicht erst.

Meine Schwiegereltern, beide über achtzig, sind bereits mit der Bedienung eines Funkweckers, der gerade mal zwei Knöpfe hat, hoffnungslos überfordert. Vergeblich wird man im Seniorenstift nach Smartphone-Nutzern suchen. Selbst der Gebrauch eines vorsintflutlichen Klapphandys bringt die alten Herrschaften an den Rand der Verzweiflung. Mein Verdacht: Demenz ist keine Krankheit, sondern raffinierte Tarnung der Oldies, um ihren Lebensabend sorgenfrei vom Kalender spulen zu können.

Kinder dagegen wollen alles ausprobieren, an allem rumspielen. Kein Bedienknopf, Hebel oder Schalter ist vor den winzigen Pfoten sicher. Autoschlüssel sollten deshalb gut aufbewahrt werden, wenn man sich eine böse Überraschung ersparen will. In den Niederlanden haben ein Siebenjähriger und sein zwei Jahre jüngerer Bruder eine Spritztour mit dem Auto ihrer Großmutter unternommen. Dabei sind die beiden Abenteurer sage und schreibe anderthalb Kilometer weit geritten, ehe ihnen ein Metallpfeiler den Weg versperrte.

Die Streifenpolizisten waren ziemlich verblüfft, als sie an den Unfallort in Bloemendael westlich von Amsterdam kamen und die zwei Knirpse in dem verunglückten Wagen entdeckten. Erst hatten sie angenommen, da sie von weitem niemand im Auto sehen konnten, der alkoholisierte Fahrer hätte die Flucht ergriffen. Der minderjährige Bruchpilot, der kaum übers Lenkrad gucken konnte, rechtfertigte sich vor den streng dreinblickenden Beamten: „Wenigstens war ich angeschnallt! Und mein Bruder saß im Kindersitz." Nachdem die beiden Lausebengels auf der Wache eine Strafpredigt erhalten hatten, wurden sie nach Hause zur Großmutter gebracht, die, wie ihm Märchen mit dem bösen Wolf, große Augen gemacht haben dürfte. An ihrem Auto entstand immerhin hoher Sachschaden.

Beide Generationen haben aber etwas aus diesem Vorfall gelernt. Die Oma, in Zukunft auf ihre Autoschlüssel besser aufzupassen, und die beiden Brüder, sich bei ihrer nächsten Schwarzfahrt nicht erwischen zu lassen.

Übrigens ist für die Generation der Best Ager Hopfen und Malz noch nicht ganz verloren. Gerontologen gehen nämlich davon aus, das menschliche Gehirn ist auch im fortgeschrittenen Alter durchaus aufnahmebereit, wenn der User kein Loser und zur Aufnahme bereit ist. Es ist wirklich sprichwörtlich die Bequemlichkeit, die Senioren am Ausprobieren neuer Dinge hindert. Mit zunehmendem Alter sinkt nämlich die Lernbereitschaft. Gut, bei manchen Exemplaren beginnt dieser Zustand schon nach der Einschulung.

Gebühren fürs Klo machen nicht alle froh

Egal ob Staat, Länder oder Kommunen, ich kann mich nicht erinnern, dass jemals der Satz gefallen wäre: „Wir wissen gar nicht, wie wir das viele Geld, das wir einnehmen, ausgeben sollen." Im Gegenteil, die öffentliche Hand wird immer aufgehalten. Und wenn Staat, Länder oder Kommunen wirklich klamm sind, werden Steuern erhöht – und zwar klammheimlich.

Als Titus Flavius Vespasianus im Jahr 69 nach Christus römischer Kaiser wurde, die Älteren werden sich noch erinnern, war die Staatskasse leer wie das abgemolkene Euter einer mecklenburgischen Milchkuh. Er brauchte aber dringend Geld, sprich neue Einnahme-

„Drei Euro oder ich sag's Mutti!"

quellen. Also musste er dort ansetzen, wo etwas sprudelt, und der Imperator erhob eine Gebühr für die Benutzung öffentlicher Toiletten. Das war gerecht. Von nun an konnte sich keiner mehr verpissen. Niemand konnte sich drücken, auch wenn die Notdurft noch so drückte. Daher stammt möglicherweise auch der Begriff „Notgroschen".

Seinem kritischem Sohn, der mit dieser Praxis überhaupt nicht einverstanden war, hielt Vespasianus eine Münze aus den ersten Einnahmen unter die Nase und sagte, wie es kein Lateiner hätte besser formulieren können: „Pecunia non olet!" Zu gut Deutsch: „Geld stinkt nicht!" Und selbst Altkanzler Dr. Helmut Kohl hatte es auf den Punkt gebracht, als er öffentlich nuschelte: „Wichtig ist, was hinten rauskommt." Die Römer waren ihrem obersten Chef für die zusätzliche Steuerbelastung jedenfalls sehr dankbar und jubelten ihm, wann immer sie ihn trafen, wie einst die Hamburger und Mannheimer, euphorisch zu: „Hallo, Herr Kaiser!"

Für meine Begriffe geht die Kreativität unserer Fiskalbeamten nicht weit genug. Im Geiste des Gleichstellungsgrundsatzes sollte man neben der Hundesteuer sämtliche Haustiere einschließlich ungebetener Untermieter wie Kakerlaken, Milben, Kellerasseln und sonstigem Kleingetier mit einer saftigen Abgabe belegen. Das würde unsere siechenden Haushalte beleben. Auch eine Steuer auf Dummheit wäre durchaus sinnvoll und würde unser Land zur absoluten Blüte treiben. Und bei einem jährlichen Idiotentest, dem TÜV für schwache Tüftler, wird die fällige Abgabenhöhe ermittelt. Das würde zum Lernen anspornen und auch das Bildungsproblem lösen helfen. Und wenn nicht, zahlen müssen ohnehin immer die Dummen.

Noch ein Vorschlag: die erweiterte Vergnügungssteuer. Wer mit seinem Partner richtig guten Sex hat, löhnt eine Sonderabgabe. Das würde nicht nur Geld für den Staat, sondern auch mehr Ehrlichkeit in jede Beziehung bringen:

„Schatz, wie war ich?"

„Na ja, ging so."

„Puh, da bin ich aber erleichtert. Wieder was gespart."

Nach dem Vorbild des römischen Latrinenimperators führte die Schulleitung einer Bochumer Gesamtschule eine Toilettengebühr ein. Zunächst wurden für jeden schweren Stuhlgang zehn Cent erhoben.

Selbst beim Pinkeln kamen die Bengels nicht billiger weg. Nach Beschluss der Schulkonferenz stellte man sogar eine Reinigungskraft ein, die zudem die Gebühr kassieren sollte. Bei der Realisierung ihrer Klonutzungsgebühr fand auch die Kohl'sche Philosophie Anwendung: Was hinten rauskommt, zählt. Und wer hinten was rausdrückt, zahlt – und nur das zählt.

Als man später, mit Beginn des neuen Schuljahres, auf eine jährliche Flatrate in Höhe von zehn Euro umstellen wollte, war es wohl einem der vielen Hosenscheißer zu viel und er beschwerte sich bei der Bezirksregierung Arnsberg. Mit sofortiger Wirkung untersagte die übergeordnete Behörde der Gesamtschule diesen Unfug, den sie unbefugt verfügt hatte. Und die Idee dahinter? So eine Scheiße sollte schließlich keine Schule machen.

Die Schose mit der Soße

Eine Personengruppe schafft es immer wieder in unsere Tageszeitungen – Gangster, Gauner und Ganoven. Sie hat es immer gegeben, sie wird es immer geben. Logisch, auch unsere Polizei braucht ihre Existenzberechtigung. Richter und Staatsanwälte wollen nicht lustlos ihre Butterbrote auf leeren Schreibtischen auspacken, ehe sie vielleicht ganz einpacken können. Schurken gibt es überall, nicht nur in Schurkenstaaten.

Was haben aber Kleinganoven und Kleinvieh gemeinsam? Sie produzieren Mist. Und wenn sie gefasst werden, verlieren sie die Fassung. Das ist wie ein Fass ohne Boden. Und dann werden sie bestraft, denn Dummheit muss bestraft werden. Kleinganoven sind so blöd, die würden keinen Idiotentest gewinnen. Ihr IQ kann es noch nicht einmal mit einem frischen Körnerbrötchen aufnehmen. Gut, man muss natürlich auch einräumen, wären sie intelligent, vielleicht sogar mit eingepflanztem Abitur und Studium in der Birne, würden sie ihre kriminelle Energie in Führungsetagen von Banken, in kommunalen Verwaltungen oder in der freien Wirtschaft ausleben.

Im australischen Sydney hatte es ein kleines Würstchen auf das Kleingeld einer Würstchenbude abgesehen. Der 24-Jährige war hinter die Theke gesprungen und wollte sich nicht an der Verkäuferin, sondern an der Kasse vergehen. Die geistesgegenwärtige Frau wehrte den dreisten Überfall mit einer außergewöhnlich scharfen Waffe ab: einem großen Eimer Chilisoße. Diesen kippte die zum Äußersten entschlossene Imbissverkäuferin über das Haupt des Halunken,

dass dieser völlig kopflos wurde. Die leichten Verätzungen setzten ihn komplett außer Gefecht und die Polizei brauchte ihn nur noch einzusammeln. So leicht kann mitunter Polizeiarbeit sein. Vielleicht auch ein Grund, warum Sicherheitsbehörden immer wieder zu mehr Zivilcourage aufrufen.

Und welche Lehren können wir daraus ziehen? Man braucht nicht immer seinen Senf dazuzugeben. Manchmal tut's auch Chili.

Schiffbruch auch ohne Schiff

Wer sich einen Bruch leistet, keinen Leistenbruch, sollte sich danach etwas leisten können. Mit dem Klauen von Altpapier oder Pfandflaschen verdient man aber nicht das Salz für die Suppe. Auch das Einsammeln von fremdem Schrott ist nicht wirklich lukrativ. Mit einer Ausnahme, man vergreift sich an Buntmetallen, um sich einen Bunten zu machen. Oder noch besser: Man stiehlt Gold, dann winken goldene Zeiten. Doch nicht alles, was glänzt, verspricht glänzenden Gewinn.

Gründlich in die Hose ging der Versuch zweier Männer in Magdeburg, als sie versuchten, einen Altkleider-Container zu entleeren. Unter dem Motto „Kleider machen Leute" holten sie zwanzig Säcke und

„Stopp, erst aussteigen lassen!"

Tüten aus dem Sammelbehälter eines Wohlfahrtsverbandes und verstauten die Beute in ihrem Kleintransporter. Ausrangierte Kleidung und alte Schuhe waren offensichtlich ihr Steckenpferd, mit Diebstahl derselben hatten sie aber Dreck am Stecken. Dass sie niemandem direkt an die Wäsche gegangen sind, könnte ihnen das Gericht sogar als mildernde Umstände anrechnen.

Doch anstatt sich mit dem bereits erjagten Diebesgut, korrekter müsste es heißen Diebesschlecht, zufriedenzugeben, wollten sie auch noch das Letzte aus sich und dem Behälter holen. Dabei rutschte der Jüngere, ein 30-jähriger Verfechter umweltbewussten Recyclings, kopfüber in den Behälter, wobei sich hinter ihm mit sanftem Ton die Klappe schloss. Damit war der Lump bei den Lumpen gefangen.

Erst die Polizei konnte ihn aus dieser misslichen Lage befreien, und dies wiederum kann ich nicht nachvollziehen. In der entstandenen Situation hatte er doch bereits seinen Richter gefunden. Ich hätte diesen Typen nicht geholfen und der Polizei vielmehr den Rat gegeben: „Könnt ihr stecken lassen!"

Mit geschlossenen Augen

Wer nichts sieht, muss noch lange keine blinde Nuss sein. Menschen, die ihr Leben mit einer mehr oder minder schweren Behinderung meistern müssen und dies mit Bravour bewältigen, sind bewundernswert. Natürlich bietet die eine oder andere Versehrtheit auch ihre Vorteile. Man sollte nicht alles gleich so negativ sehen. Ohrenbetäubende Musik bei Rockkonzerten zum Beispiel lassen Taube kalt. Außer Tauben, die fliegen natürlich weg. Einbeinige sparen beim Schuhkauf. Rollstuhlfahrer haben immer einen Sitzplatz. Bei einer stummen Ehefrau liegen die Vorzüge bei deren Mann.

Bitte nicht missverstehen! Ich will hier keine Witze auf Kosten von Minderheiten abliefern. Ich selbst schlage mich mit einem körperlichen Gebrechen herum, für das mir das Amt immerhin einen GdB (Grad der Behinderung) von fünfzig Prozent attestiert hat, obwohl man rein äußerlich nichts sieht. Seit Jahren muss ich mich mit einem insulinpflichtigen Diabetes herumschlagen. Nicht, dass Sie hier noch auf falsche Gedanken kommen!

Letztendlich ist aber nicht ausschlaggebend, was einem im Leben hindert beziehungsweise behindert, sondern was man aus dieser unausweichlichen Situation macht. Basti, ein guter Freund, der seit einem tragischen Autounfall im Rollstuhl sitzt, macht heute den Ein-

„Dieser dunkelrote Schein wäre mir schon lieber!"

druck auf mich, als würde es ihm besser gehen als vor diesem harten Einschnitt. Er ist fest im Berufsleben integriert, wo er in seinen Aufgaben auch nüchtern voll aufgeht. Inzwischen hat er Frau und Kind und führt ein Leben, wie es normaler nicht sein kann. Alle Hilfen und Beihilfen, die er nach seinem Unfall auf dem Weg zurück ins Leben erhalten hat, bekam er völlig zu Recht.

Zu Unrecht haben sich in Griechenland, das sehr unter dem Problem des Sozialmissbrauchs leidet, völlig gesunde Menschen Blindenhilfe ergaunert. Kontrolleure der größten Sozialkasse IKA deckten eine Reihe von Fällen auf, in denen sehende Blinde Sozialleistungen ins Auge gefasst hatten. Ins Visier der Ermittler gerieten bei diesem Fischzug die Dodekanes-Inseln in der Südostägäis. Auf der traditionellen Schwammtaucherinsel Kalymnos hatten 100 von 152 angeblich Blinden voll den Durchblick und höchstens Probleme mit ihren Hühneraugen. Die Scheinblinden, die nur Geldscheine im Auge hatten, zeigten keinerlei Sehschwäche. Höchstens eine Schwäche für Banknoten, aber da sind schon ganz andere Typen schwach geworden.

Einen Blinden zu mimen ist selbst für gestandene Schauspieler keine leichte Aufgabe. Dass etwas faul ist, lässt auch den Einfältigsten stutzen, wenn nämlich ein angeblich Sehschwacher mit weißem Stock und Blindenhund aus einem Ferrari steigt. Auf der Fahrerseite wohlgemerkt.

Was mich verwundert, ist die Tatsache, dass diese Blauäugigen glaubten, nicht erwischt zu werden. Die saftigen Strafen und die Rückzahlungsforderung dürften ihnen das Wasser in die Augen treiben. Und dann haben sie die Brille auf.

Trotz Ärger kein Kerker

Seitdem der Genosse der Bosse, Bundeskanzler a. D. Gerhard Schröder, mit seiner Agenda 2010 die Arbeiterklasse wie Hackfleisch an die Raubtiere des Kapitals verfüttert hat, hat es das Prekariat schwer, ohne sich zu beschweren. Nicht wenige, die sich für ein Trinkgeld den Buckel krumm machen müssen wie eine alte hässliche Darstellerin bei den Brüdern Grimm, haben noch unheimlich viel Monat übrig, wenn ihr Geld in den Kassen der Discounter verklimpert ist.

Da kann man schon mal auf dumme Gedanken kommen. „Mach dir keine Sorgen, lass andere für dich sorgen!", dachte sich deshalb ein 54-jähriger Sachse aus Meerane. Es gibt staatlich betriebene Pensionen mit Vollverpflegung, Tagesfreizeit, ärztlicher Betreuung und gemütlichen Gemeinschaftsduschen. Das Personal in diesen Einrichtungen ist höflich, zuvorkommend und freundlich, was man von den einsitzenden Urlaubern nicht immer behaupten kann. Aber wo findet man schon perfekte Mitbewohner? Nachbarschaftsstreitigkeiten, die von nonverbalen Attacken über körperliche Gewalt bis hin zum vollzogenen Totschlag reichen, kommen in bester Gesellschaft vor. Wer sich anpasst, sich still und leise verhält, hat meist nichts zu befürchten. Die Vorteile überwiegen. Drei Mahlzeiten täglich, eine davon lauwarm, ein schlicht möbliertes und beheiztes Zimmer, TV-Anschluss ohne GEZ-Gebühren und eine Kloschüssel, von der aus man Fernsehen gucken kann. Was will man mehr? Vielleicht noch Meerblick.

Aus dem Polizeireport: Deutsche Richter gelten seit vier Jahrzehnten gegenüber männlichen Tatverdächtigen als außerordentlich milde. Man sollte ihre Geduld aber nicht überstrapazieren. Hier droht mindestens eine Missbilligung!

Das alles wünschte sich der Meeraner und versuchte, die Reise in die Sorglosigkeit zu buchen, indem er, das war ihm klar, erst einmal ordentlich Ärger machen musste – denn so die Formel: Ohne Ärger kein Kerker! Er täuschte einen Einbruch vor, indem er die Scheibe einer Bäckerei zerschlug, in den Laden kletterte und dann seelenruhig wartete, bis der Wachdienst eintraf. Auf dem Revier erklärte er den Polizeibeamten, er hätte keine Lust mehr, selbst für seinen Unterhalt zu sorgen.

Die verdutzten Ordnungshüter sahen allerdings im vorliegenden Fall keinen ausreichenden Haftgrund und ließen den Freiwilligen wieder laufen. Er hätte mal nicht nur die Fensterscheibe der Bäckerei, sondern auch den Schädel des Wachmanns zertrümmern sollen. Damit hätte er sich einen langjährigen Urlaubsplatz gesichert. Seine Träume werden sich vorerst nicht erfüllen. Er wird also weiterhin kleine Brötchen backen müssen.

Erst abgestrampelt, dann abgestempelt

Als Jan Ullrich 1997 die Tour de France gewann, als erster und bisher einziger Deutscher, lag ihm eine ganze Nation zu Füßen. Später wurde er damit getreten, als nämlich herauskam, dass er leistungssteigernde und vor allem verbotene Substanzen geschnüffelt hatte. Nach dem oralen Konsum, der dem Rostocker Radrowdy gute finanzielle Einnahmen bescherte, war der ostdeutsche Pharmatester sozusagen in Dopform. Nach seinem grandiosen Sieg in der Königsklasse leckten ihm Wirtschaftsbosse die käsigen Schweißfüße, um den glitzernden Helden ins Halfter ihres Werbekarrens zu spannen.

Gegen den Amerikaner Lance Armstrong, den siebenmaligen Tourgewinner, der Doping einnahm, wie kleine Jungs Drops lutschen, blieb unser Jan allerdings ein Waisenknabe. Generationen von Radprofis bissen sich an ihren Lenkern die Zähne aus, während Lance, ein

Aus dem Polizeireport: Im Prozess Kater gegen Kater
(0,75 Promille Restalkohol) entschied das Verkehrsgericht
zugunsten des Geschädigten A!

fröhliches Liedchen pfeifend, jede Bergetappe in den Pyrenäen mit be-
händer Leichtigkeit hochschrullerte. Natürlich wussten alle, dass das
nicht mit rechten Dingen zugehen konnte. Wenn nach den Zieleinläu-
fen die meisten Fahrer erschöpft in ihre Kojen plumpsten, erkundigte
sich Lance nach den Fitnessräumen, um dort noch eine gemütliche
Runde auf schweißverklebten Hometrainern abzuspulen.

Inzwischen kann man davon ausgehen, allen drastischen Strafen
zum Trotz, dass den Rennställen die Dopingmittel nicht ausgehen und
immer wieder neue Substanzen erprobt werden. Insider plädieren
von daher schon seit längerem für eine Umbenennung des radsport-
lichen Höhepunktes in „Tour de Trance". Erwischte Sünder müssen
jedenfalls für ihre Funktionäre büßen. Das ist, als würde man ein Kind
dafür bestrafen, dass es Gammelfleisch heruntergewürgt hat, was ihm
die Mutter hineingestopft hat.

Lance Armstrong bekam für seine öffentliche Offenbarung „lebenslänglich". Keine Gefängnisstrafe! Lance wurde ausgesperrt, nicht eingesperrt. Man kann, dies möchte ich hier in aller Deutlichkeit sagen, aber nicht nur durchs Radfahren bestraft werden, sondern auch mit Radfahren.

Der Sheriff Joe Arpaio, ein knallharter und gnadenloser Gefängnisboss, hat sich für die weiblichen Insassen eines Gefängnisses im Bundesstaat Arizona etwas besonders Spannendes ausgedacht. Wer nämlich Spannung im Fernsehen haben möchte, muss zuvor erst einmal selbst für Spannung sorgen und kräftig in die Pedale treten. Durch das Radeln werden zwölf Volt erzeugt, was wiederum den Bildschirm anspringen lässt.

Joe Arpaio sagte dem Sender Fox, dass es ihm auch darum geht, etwas gegen die Fettleibigkeit der gefangenen Frauen zu tun. Und sollte sein Radelspiel von Erfolgt gekrönt sein, müssen sich später auch noch die Männer abstrampeln. Und dann werden aus den Häftlingen wahre Stromer.

Bordklo macht nicht immer froh

Motorisierte Personenbeförderungsmittel werden im Laufe eines Menschenlebens immer größer und teurer. Als Azubi oder Student reicht ein betagter Fiesta, Polo oder Corsa. Ist man im Berufsleben angekommen, wächst mit dem Einkommen auch der Wunsch nach einem größeren Wagen und bald schon steht ein Focus, Golf oder Astra vor der Haustür. Später, nach Gründung einer Familie, wird ein Van, wenigstens aber ein Kombi benötigt. Und noch viel später, wenn die Kinder aus dem Haus und man selbst aus dem Häuschen ist, muss es ein PORSCHE sein, um die neu gewonnene Freiheit so richtig auszukosten. Nach dieser Phase wird es wieder ruhiger. Und eines Tages fehlt einem die Lust zum Selbstfahren und man steigt um auf einen Bus. Busreisen sind sehr beliebt. Außer bei Busfahrern.

Trotz aller Vorzüge einer unbeschwerten Fremdbeförderung bleibt den Bustouristen ein Ärgernis – die Toilettengebühren auf Raststätten. Dafür könnte die Welthungerhilfe eine kongolesische Großfamilie eine Woche lang ernähren. Und wenn die mal müssen, können sie sich in die Büsche schlagen. Bus-Senioren haben diese Option nicht. Man stelle sich nur mal dieses Bild vor, wie Dutzende Silberlocken zwischen den Büschen am Randstreifen hocken. Das ist, als würde man in ein überreifes Baumwollfeld blicken.

Ein Leipziger Busfahrer dachte sich, wie komme ich dazu, für den Toilettengang während meiner Arbeitszeit zu bezahlen? Wozu habe

„… erreichen wir die Rieselfelder von Hundsdorf in drei Minuten und starten dort die Aktion ‚Natur zu Natur'!"

ich ein Bordklo? Und während seine Fahrgäste auf den verkeimten Klobrillen der Raststätte herumrutschten, hielt er seine geheime Sitzung auf der Bustoilette ab. Das heißt, er wollte sie abhalten, denn als es sich der 63-Jährige auf dem Plastiksitz so richtig schön gemütlich gemacht hatte, wurde er durch einen lauten Knall berstenden Bleches und durch einen heftigen Ruck ruckzuck in seinem Bestreben auf Erleichterung ausgebremst.

Der als erfahren geltende Busfahrer hatte vergessen, die Handbremse anzuziehen, ehe er sich die Hose runtergezogen hatte. Und das hatte ihn mächtig runtergezogen. Sein Bus war auf einem Parkplatz in Nürburg (Rheinland-Pfalz) gute siebzig Meter talwärts gerollt, ehe ihn zwei parkende Autos an der Weiterfahrt hinderten. Aus den gesparten siebzig Cent wurde ein Sachschaden in Höhe von 15.000 Euro.

Um zukünftig solche blamablen Zwischenfälle zu vermeiden, gebe ich allen Busunternehmen den dringenden Rat, an den Türen der Bordtoiletten folgendes Schild mit dem Warnhinweis anzubringen: „Gilt nur für Busfahrer! Willst du in Ruhe kacken, sichere die Bremse und deren Backen!"

Schuss und Schluss!

Älter werden ist nichts für junge Leute. Das Alter bringt eben viele unangenehme Begleiterscheinungen mit sich, in Form gesundheitlicher Beeinträchtigungen. Die Unpässlichkeiten nehmen zu, die verbleibende Lebenszeit nimmt ab. Die Zweiten gehen, die Dritten kommen. Die Brille wird stärker, die Blase schwächer. Die Glieder – mit einer Ausnahme – werden steif, die Haut wird schlaff. Der Oldie bekommt zunehmend die Erdanziehungskraft zu spüren und fühlt sich, als wäre er eine Wanderbaustelle, jeden Morgen schmerzt es woanders.

Letztes wurde ich in einer orthopädischen Rehaklinik Ohrenzeuge eines Gespräches zweier älterer Damen.

„Und Sie, Hüfte oder Knie?"

„Knie. Hüfte war vor vier Jahren."

„Wie bei mir, nur genau umgekehrt. Dabei bin ich schon 83."

„Hach, sind Sie noch jung. Ich werde bald 92."

„Und da haben Sie sich noch reparieren lassen?"

„Na ja, man weiß ja nicht, wie lange man noch muss."

Das Alter kann also zur Geißel werden. Manchmal wird auch ein Alter zum Geiselnehmer. In einer amerikanischen Kleinstadt im US-Bundesstaat Arkansas hatte ein 107-Jähriger komplett die Fassung verloren und, mit einer Pistole bewaffnet, zwei Menschen bedroht. Als eine Spezialeinheit der Polizei eintraf, eröffnete der wütende, vor allem aber schießwütige Alte das Feuer. Die Beamten erwiderten diese Form der feurigen Begrüßung und trafen dabei den Senior tödlich.

„Was fummelst du Blödmann an meinem Föhn rum?"

Jüngere werden sich jetzt die berechtigte Frage stellen: Was mag wohl im Kopf des Alten vor sich gegangen sein? Manche werden antworten, der war einfach nur verrückt. Andere wiederum sind der Überzeugung, der hat den Schuss nicht gehört. Auf alle Fälle haben sie ihm die Kugel gegeben.

Ein Platz an der Tonne

Wenn man der Werbung glauben darf, verdanken wir der automobilen Mobilität grenzenlose Freiheit. Das Gegenteil ist der Fall! Wer schon mal in ein Stauende gerast ist, weiß, wovon ich spreche. Viele Autofahrer leiden zudem unter extremer Klaustrophobie. Gerade Großstädter haben panische Platzangst, und zwar die Furcht, nach ihrer Rückkehr keinen Parkplatz zu finden. Und was tun sie? Sie lassen ihre Autos einfach stehen und nehmen Bahn oder Bus.

Ein früherer Arbeitskollege erschien oft, sehr oft sogar, zu spät zur Arbeit. Mal hatte die Bahn Verspätung. Ein anderes Mal fiel sie aus, weil die Weichen zugefroren waren oder das Personal streikte. Wenn er erst einmal einen eigenen Wagen hätte, versicherte er dem Chef, würde er immer pünktlich sein. Das stimmte insofern, dass er am ersten Tag nach seinem Autokauf wirklich mit Schichtbeginn am Arbeitsplatz erschien. Doch schon am nächsten Morgen fehlte er wieder. Zum Frühstück rief er an und entschuldigte sein Fernbleiben. Er wisse nicht, wann er kommen könne, er würde seit gestern Nachmittag einen Parkplatz suchen. Am dritten Tag kam er wieder mit der Bahn, und zwar unpünktlich.

„Was ist mit deinem neuen Auto?", fragten wir.

„Ich habe jetzt endlich einen Parkplatz ergattert, zwar neben den Mülltonnen, aber immerhin. Den gebe ich so schnell nicht wieder her."

Nicht wenige Autofahrer beziehungsweise Autosteher schleichen im Schutze der Dunkelheit zu ihrem geliebten Gefährt, setzen sich hinters Lenkrad, streicheln das Armaturenbrett und hören die Verkehrsnachrichten. Danach blättern sie im Straßenatlas und gucken sich Strecken an, die sie gern fahren würden, wenn es anschließend nicht so schwer wäre, wieder einen Parkplatz zu finden. Dann geben sie die Heimatadresse ins Navi ein und sind glücklich wie reich beschenkte Kinder in einem Entwicklungsland, wenn die zarte Navistimme haucht: „Sie haben Ihr Ziel erreicht." Dann durchströmt sie ein

Aus dem Polizeireport: Der Parkplatzstreit zwischen den Bürgern Paul K. und Knut S. endete mit 17 zu 12 Fausthieben zugunsten des Angeklagten.

wohliges Glücksgefühl. Endlich zu Hause und dann gleich einen Parkplatz gefunden. Doch sobald ein feindlicher Parkplatzsucher angerollt kommt, ducken sie sich, um ja nicht den Anschein zu erwecken, gleich wegfahren zu wollen.

Um Parkplätze werden immer wieder Kleinkriege geführt. Sogar kirchliche Würdenträger entpuppen sich als brutale Kampfmaschinen, wenn es darum geht, ihrem Wagen einen guten Schlafplatz zu sichern. In der australischen Stadt Perth gerieten zwei zu ihrer Seniorenresidenz heimkehrende Priester im Ringen um den letzten freien Parkplatz hart aneinander. Sie gingen aufeinander los wie zwei bis auf den Tod verfeindete Wrestler. Im unerbittlichen Revierkampf verbiss sich einer der beiden, ein 80-jähriger Pfarrer, im Ohr seines Glaubensbruders, dass diesem Hören und Sehen verging. Für Unbeteiligte, die möglicherweise dieses Spektakel beobachteten, musste es so ausgesehen haben, als ob der eine dem anderen ein Ohr abkauen will.

Auf alle Fälle hat der Ohrwurm seinem Kontrahenten ganz schön im Ohr gelegen, ehe er es endgültig beißend abriss.

In der juristischen Nachspeise wurde der Beißwütige wegen Körperverletzung zu umgerechnet 760 Euro Geldstrafe verurteilt. Völlig unverständlich, dass der Richter es versäumte, dem Beschuldigten die Tatwaffe, also dessen göttliches Gebiss, abnehmen zu lassen.

Die Ohrmuschel des Unglücklichen konnte in einer zehnstündigen Operation, vermutlich von Ohrulogen, wieder angenäht werden.

Der gewalttätige Priester hat wohl eines der zehn Gebote – „Liebe deinen Nächsten wie dich selbst!" – etwas zu großzügig ausgelegt. Offensichtlich hatte er den Fressfeind seines Wagens zum Fressen gern. Ich finde diese Aktion nicht nur geschmack-, sondern vor allem gebissenlos.

Gesucht und nicht gefunden

Im Lukasevangelium fand ich einen wunderschönen Satz, den Jesus Christus einst von einem Berg aus an das Volk gerichtet haben soll, und der vermutlich von einem eifrigen Journalisten mitgeschrieben und sofort in die Bibelredaktion gefaxt worden sein muss. Besonders spannend ist der erste Teil, in dem Jesus so treffend formulierte: „Bittet, so wird euch gegeben; suchet, so werdet ihr finden ..."

Bei Neuwagenkäufern klingelt's sofort. Jeder, der schon einmal in der Verlegenheit gesteckt hat, einen auf sein Ego zugeschnittenen Boliden zu finden, kennt die schier aussichtlosen Unwägbarkeiten auf dem Weg zum Zündschlüssel. Dutzende Hersteller mit einer unüberschaubaren Modellpalette in den unterschiedlichsten Ausstattungsvarianten mit unzähligen Lackanstrichen können den Käufer und Suchenden in den Wahnsinn treiben. Bis die neue Edelkarosse endlich komplett konfiguriert ist, ist oft schon der nächste Modellwechsel vollzogen.

Noch schwieriger haben es Gebrauchtwagenkäufer. Der passende Wagen ist nämlich nie aufzutreiben. Immer wenn man glaubt, seinen Traumschlitten gefunden zu haben, muss man wie ein Gynäkologe Abstriche machen. Fällt die Ausstattung wunschgemäß aus, passt die Farbe nicht oder die Motorisierung. Hat man endlich einen Flitzer mit ordentlich Schmackes unter der Haube aufgespürt, fehlen ein, zwei wichtige Details in der Ausstattung oder der Preis bleibt auch nach härtesten Verhandlungen noch immer utopisch. Selbst wenn

„Ich sag's dir zum letzten Mal: Hier war vorhin
ein Parkplatz!"

man bereit ist, die überteuerte Kröte zu schlucken, fehlen noch immer die erforderlichen Kröten. Und die Hausbank oder die liebe und verständnisvolle Ehefrau, die vom Autokauf so begeistert ist wie von unbezahlten Überstunden oder Sex außer der Reihe, zeigen einem die Rote Karte.

Noch schwieriger kann es werden, nicht einen Gebrauchten zu finden, sondern seinen Gebrauchten wiederzufinden – zum Beispiel auf Parkplätzen vor Einkaufsparadiesen, die teilweise an die territoriale Ausdehnung einer mittleren Kreisstadt heranreichen. Ein Dresdner Musikprofessor, diese amüsante Anekdote erzählte mir eine Zuhörerin nach einer Lesung in Dresden, hatte in Berlin einen Vortrag gehalten und war spätabends noch zurückgefahren. Am nächsten Morgen vermisste er sein Auto. Der für ihn reservierte Parkplatz war verwaist. Sein erster und plausibler Verdacht: Diebstahl! Naheliegend, denn Polen und Tschechien liegen auf Tuchfühlung. Dann aber fiel es ihm wie Schuppen aus seiner lichten Haarpracht. Aus Berlin war er mit dem Zug gekommen, hingefahren aber mit dem Auto. Man kann, logischerweise, in Dresden kein Auto finden, was friedlich in Berlin parkt – sofern es natürlich in der Zwischenzeit nicht doch geklaut wurde.

Einem Italiener passierte eine ähnliche Panne. Der Südtiroler war Anfang Oktober nach München zum Oktoberfest gefahren und hatte sein Auto, um es auch ja wiederzufinden, in einer Nebenstraße nahe einer Straßenbahnhaltestelle abgestellt. Als er zu seinem Wagen zurückkehren wollte, konnte er sich weder an den Straßennamen noch an die Haltestelle erinnern. Dreimal fuhr er vergeblich nach München. Er konnte sein Auto einfach nicht finden, und das nur, weil er da suchte, wo er seine Fahrhilfe nicht abgestellt hatte. Nach fünf Wochen richtete sich der 40-jährige Mann verzweifelt an die *Abendzeitung*. Einem aufmerksamen Leser war der wochenlang am gleichen Fleck parkende Wagen mit italienischem Nummernschild spanisch erschienen und er gab den entscheidenden Hinweis.

Diese Geschichte beinhaltet eine wunderbare Parabel: Wer in fremden Städten, und in fremden Ländern sowieso, sein Auto abstellt, sollte sich alles aufschreiben, was ihm später bei der Suche helfen könnte. Also Straßennamen, Haltestellen, markante Gebäude wie Kirchen, Kaufhäuser oder Bahnhöfe. Ansonsten ist der Zug abgefahren, und du guckst schön blöd aus der Autowäsche.

Stunk nach Umtrunk

Der Mensch trinkt mit Genuss.
Doch hat er erst mal Durst,
ist ihm alles wurst
und er säuft bis zum Verdruss.

Es gibt richtig gute Gründe, sich zu betrinken, mal ordentlich einen über den Durst zu bechern, zu tief ins Glas zu gucken, mächtig einen zur Brust zu nehmen, sich fürchterlich die Kante zu geben oder sich den Restverstand wegzuballern: eine Haftentlassung aus dem Maßregelvollzug zum Beispiel. Oder eine Entlassung aus der Psychiatrie. Auch ein lupenreiner Freispruch der Zweiten Strafkammer am Oberlandesgericht ist ein willkommener Anlass, die Blutalkoholkonzentration mal so richtig hochzufahren, vor allem dann, wenn man der Tat zu Recht beschuldigt worden ist, ganz nach dem Motto: „Haltet den Dieb! Er hat mein geklautes Messer im Rücken."

Auch ein blutig überlebter Scheidungskrieg wird als Trinkmotivation anerkannt. Oder wenn einem der schwere Gang zur standesamtlichen Zwangsgemeinschaft bevorsteht. Deshalb sind Junggesellenabende so beliebt. In bewaffneten Konflikten, in denen schon mal scharf geschossen wird, gehört es sogar zur gängigen Praxis, den Kriegern im Vortodstadium am Abend vor dem blutigen Gemetzel Fusel auszuschenken. Erst sollen die Hemmschwellen fallen, dann die Soldaten.

Ein Australier ließ es bei seiner feuchtfröhlichen Junggesellenparty so richtig krachen, denn er betrank sich bis zur komatösen Entgleisung. Als Geschlechtsgenosse kann ich den armen Kerl verstehen. Die erste Trauung stellt im Leben eines Mannes eine emotionale Ausnahmesituation dar. Ähnlich wie bei einer Beschneidung, das ist auch ein tiefer Einschnitt.

Am nächsten Morgen schwankte der Bräutigam schicksalergeben zur Kirche, in der die Trauung abgewickelt werden sollte. Doch der Pfarrer befand im südaustralischen Adelaide, dass der 40-Jährige zum Heiraten zu betrunken wäre. Diesen furchtbaren Akt sollte jeder Mann bei vollem Bewusstsein durchstehen müssen. Kein Geheimdienst dieser Welt quält ein bewusstloses Opfer. Deshalb weigerte sich der Pfarrer, unter diesen Umständen die Zeremonie durchzuführen. Als das vom Restalkohol benebelte Heiratsopfer auch noch ausfällig wurde, rief der kirchliche Würdenträger, nein, nicht seinen himmlischen Dienstherrn, sondern die irdische Polizei. Diese führte den Trunkenbold ab, und damit war er raus aus dem Schneider. Seine Verlobte wollte ihn später nicht mehr heiraten. Gut so! Das hat ihnen die Scheidungskosten erspart.

Vor Gericht beteuerte der Musiker seine Unschuld. Er hätte doch gar nicht viel getrunken. Lediglich zwei Biere und etwas Whiskey. Über die Größe der Trinkgefäße gab er keine Auskunft.

„Seine Mutter verlangt diesen Alkoholtest!"

Bienenvölker, hört die Signale!

Seit es Menschen gibt, haben diese sich gegenseitig beschissen, nicht nur auf Latrinen. Mit der Erfindung des Geldes wurde es noch schlimmer, denn die Mächtigen, die über die Ohnmächtigen bestimmten, wussten: Geld regiert die Welt!

Und so wurden in der Menschheitsgeschichte alle Völker um den Ertrag ihrer Arbeit betrogen, egal welche Ausbeuterform gerade das Sagen hatte – ob das Kapital, die Kommunisten, Kaiser, Könige oder der Papst herrschten und die Massen massiv beherrschten. Zu Luthers Zeiten setzte die Kirche ihre Schäfchen sogar psychisch unter Druck, drohte mit Fegefeuer, wenn nicht brav gelöhnt würde. Dieser Vorgang wurde dann propagandistisch geschickt als Ablasshandel getarnt, als wäre es ein moralisch sauberes Geschäft. Heute kennt man diesen Vorgang als *kalte Progression*.

Diebstahl ist aber nicht gleich Diebstahl. Jedenfalls nicht im juristischen Sinne. Es kommt immer darauf an, wer, was und wie sich jemand etwas unter den Nagel reißt. Wenn Unternehmer ihre Belegschaft mit Niedriglöhnen ausplündern, wenn Regierungen ihr Volk ausbluten lassen oder wenn Banken die Spargroschen ihrer Kunden verzocken, bleibt dies ungesühnt. Aber wehe, wenn die Supermarktkassiererin den verlorenen Pfandbon eines Kunden einlöst, dann verliert sie ihren ohnehin mies bezahlten Job. Sie trifft die volle Härte des Gesetzes, während korrupte Bankmanager mit gefüllten Taschen den Tatort verlassen und ungeschoren bleiben. Das wäre ungefähr so, als würde der Serienmörder mit gemeinnütziger Arbeit bestraft oder der Pädophile zu Sozialarbeit im Kindergarten verknackt. Ganz schön beknackt!

Imker, das sind die mit den lustigen Astronautenanzügen, zählen auch zu dieser Kategorie. Auch sie plündern ein ganzes Volk aus und bringen es um die Früchte ihres immensen Flugbetriebes. Deshalb sind Bienen vom Imker leicht zu unterscheiden. Die Biene summt gezielt zum Bau und der Imker baut gezielt auf Summen. Immerhin lässt er seinen Bienen noch so viel, dass sie die nächste Brut aufziehen können. Brutales Kalkül! Dem Bienenvolk wird es letztendlich egal sein, für wen es den Nektar sammelt. Schließlich ist es dem Wahlvolk auch schnurz, von wem es beschissen wird.

Einen absolut dreisten Diebstahl begingen Unbekannte in der Altmark (Sachsen-Anhalt). Sie entwendeten zwei komplette Bienenvölker aus ihrem Winterquartier. Dabei lernt doch schon jedes Schulkind:

„Die Erfassung ist einfach, ich zähle die Beine
und teile durch sechs!"

Ein Bienchen muss man sich verdienen und nicht stehlen, notfalls auch, wenn man dem total netten, charmanten und liebenswürdigen Drachen von einer Lehrerin Honig ums Maul schmiert.

Der Besitzer aus Pollitz bei Stendal jedenfalls dachte, er hätte einen Augenfehler, als er nach seinen dreißig Völkern sehen wollte und nur noch 28 Kästen vorfand. Womöglich hielt er es für eine Fata Morgana, einen vorgezogenen Bienenstich.

Welche Lehren können wir aus diesem polizeilich erfassten Delikt ziehen? Wer keinen Honig mag, dem können Bienen gestohlen bleiben. Natürlich kann man es auch so sehen: Diese überaus nützlichen Insekten leben in Kisten. Die Diebe hatten also etwas auf dem Kasten. Für den Imker war es allerdings ein wabenschwarzer Tag.

Männlicher Hüpfer stürmt weibliche Schlüpfer

Das Internet ist durchaus nicht immer nett. An keinem realen Ort tummeln sich so viele Gangster, Gauner und Ganoven wie im virtuellen Raum. Kriminologen sprechen von Cyberkriminellen, die ihre schmutzigen Geschäfte nicht im Schutze der Finsternis abwickeln, sondern gut getarnt in abgedunkelten Hinterzimmern hocken und sich über ihre Laptops rektalen Zugang zu fremden PCs verschaffen. Besonders Bankdaten, Kreditkartennummern, Passwörter oder PINs haben es ihnen angetan.

Auch Spanner sind im World Wide Web unterwegs – auf der Suche nach spannenden Clips mit Damen ohne Slips. Und das möglichst aus der Froschperspektive. Je tiefer man in das digitale Dickicht vordringt, desto perverser wird es. Was da für widerliche Fotos von und mit Kindern auf geheimen Börsen für Pädophile angeboten werden, davon haben sich bereits Abgeordnete mehrere Tausend Bilder gemacht – natürlich rein dienstlich.

Selbst für Geruchsfetischisten ist das Internet eine wahre Fundgrube mit all seinen animalischen Wohlgerüchen. Auf nur Insidern bekannten Plattformen bieten Erotikdamen verschwitzte Untertrikotagen zum Kauf an, angereichert mit ihren gefilterten Ausdünstungen. Bei Bedarf, also bei körperlicher Erschlaffung, wird dann am Höschen geschnüffelt, wie der Straßenköter am urinierten Lattenzaun. Neuer Elan durch vollgesifftes Elastan! Für den neurotischen Erotiker ein wahrhaftes Geruchserlebnis, wenn der Postbote die Plastiktüte mit der dampfenden Wäsche bringt und sich der Wäschejunkie den Slip reinzieht wie eine Tüte Gras. Entgegen der Bibel spricht die Fachwelt bei dieser Versandart von „befleckter Empfängnis".

Der analoge Verbrecher, der sich noch mühsam von Haustür zu Haustür schleppen muss, stirbt langsam aus. Deshalb ist es für den Zeitungsleser äußerst erfreulich, wenn er bei seiner morgendlichen Lektüre auf eine Meldung stößt, die ihm nicht sauer aufstößt. Inzwischen haben Artikel über diese schrulligen Typen Seltenheitswert.

Nach einer langen Durststrecke stolperte ich mal wieder über einen solchen:

In Geisenheim im Rheingau wurde ein dreißig Jahre alter Dessous-Dieb auf frischer Tat ertappt. Er war bei einer 58-jährigen Mieterin auf den Balkon geklettert, um die frisch gewaschenen Dessous von der Leine zu pflücken. Nur eine kleine Randbemerkung: Ist es nicht erstaunlich, dass eine Dame dieses reiferen Jahrgangs Reizwäsche trägt? Da hätte ich doch allerhöchstens Stützstrümpfe erwartet oder feingerippte Baumwollschlüpfer, die von den Knien bis zum Bauchnabel reichen.

Die aufgeschreckte Frau alarmierte jedenfalls die Polizei, wahrscheinlich mit den Worten: „Hier geht mir einer an die Wäsche." Wenig später konnten die Ordnungshüter den ausgeslipten Typ dingfest machen. Als die Handschellen klickten, guckte der Schlüpferstürmer ganz schön dumm aus der Wäsche. Seine Beute war ja noch nicht in trockenen Tüchern. Trotzdem sollte er froh darüber sein, dass die beklaute Dame nur Reizwäsche und kein Reizgas hatte.

Bei der fälligen Wohnungsdurchsuchung des Täters fanden die Beamten mit 150 fein säuberlich in einem Schrank einsortierten Dessous weitere Beutestücke. Der junge Mann litt offensichtlich an einer chronischen Stoffwechselerkrankung.

Schnaps, das war sein erstes Wort

Vorurteile, ins Stammhirn eingenistete Untermieter, kleben hartnäckiger in den oberen Weichteilen als eingetretene Hundescheiße in Profilsohlen. Auch nach drei Jahrzehnten trauen sich Ossis und Wessis nicht übern Weg. Während der Ostdeutsche als faul, dumm und gefräßig gilt, wird dem Altbundesbürger Arroganz, Überheblichkeit und ein Maß an krimineller Energie nachgesagt. Dabei gibt es auf beiden Seiten richtig tolle und nette Typen und solche, die man abschätzig nach einer rektalen Körperöffnung benennt.

Vorurteile sind aber kein innerdeutsches Phänomen. Auch die europäischen Nachbarn werden argwöhnisch beäugt. Franzosen gelten allgemein als halbfleißige Feinschmecker. Als wenn alle Franzmänner nur Froschschenkel verdrücken und an Trüffeln schnüffeln würden. Italienische Single-Männer leben bis zur Pensionierung bei Mama, glaubt man. Polen sind arbeitsscheu und klauen. Osteuropäer saufen wie die Russen. Und den Urbayern sagt man eine gewisse geistige Trägheit nach.

Alles Quatsch! Vergessen Sie diesen Schwachsinn! Die Polen zum Beispiel klauen nicht mehr als andere Nationalitäten. Und ihr Fleiß wird inzwischen auf dem europäischen Arbeitsmarkt geschätzt.

Natürlich, das steht unbestritten fest, wohnt in jedem Vorurteil ein wahrer Kern. Der Vorwurf, Osteuropäer wären dem Alkohol sehr zugeneigt, ist völlig korrekt. Und hierbei beginnt Osteuropa bereits hinter der ehemaligen innerdeutschen Zonengrenze. Man musste sich einfach sein Leben schönsaufen. So etwas prägt. Daher stammt auch das geflügelte Wort „Morgenstund hat Goldbrand im Mund".

In hochprozentigen Kulturen wurde die Trinkerei sogar kultiviert. Man dachte sich Sprüche aus, um den jeweils nächsten Schnaps zu bagatellisieren. „Auf einem Bein kann man nicht stehen!"

„Elnora kann schon Fassbrause und Fassbier unterscheiden!" – „Na und, unser Lian mixt sich bereits seinen Caipirinha selbst!"

Nach dem zweiten Drink kichert es durch den Schankraum: „Aller guten Dinge sind drei!"

„Ein Streichquartett hat vier Streicher", ertönt es. „Drum wird das vierte Gläschen nicht gestrichen."

Und weiter geht es mit: „Jede Hand, außer die vom Schreiner, hat fünf Finger."

Danach wird gelallt: „Wenn schon keinen kurzen Sex, dann wenigstens einen sechsten Kurzen!"

Und schließlich: „Sieben auf einen Streich!"

Spätestens ab hier wird keine Rechtfertigung mehr benötigt, und es wird gesoffen, bis man die Tischkante von unten sieht, wenn man überhaupt noch gucken kann. Im Abendland, wo schon mal bis zum Morgengrauen durchgesoffen wird, ist das kein Problem, denn Trinken ist gesellschaftsfähig und wird toleriert. Besonders vom Bundesverband der Deutschen Spirituosen-Industrie.

Selbst im deutschen Liedgut hat sich die alkoholische Tradition verewigt. Komponist Wilhelm Lindemann forderte bereits 1927 seine Eidgenossen auf: „Trink, trink, Brüderlein trink!"

Paul Kuhn wollte 1963 unter gar keinen Umständen in den 50. Bundesstaat der USA reisen und begründete seine Entscheidung bedauernd: „Es gibt kein Bier auf Hawaii …"

Herbert Grönemeyer brachte das Problem mit einem Song so richtig auf den Punkt: „Alkohol ist dein Sanitäter in der Not …" Seither erfreut sich alkoholhaltige Medizin noch größerer Beliebtheit. Alkohol ist immerhin ein Lösungsmittel. Hat man ihn getrunken, fühlt man sich gelöst.

Auch beim Schlager schlagen sich Trinklieder wacker. Roland Kaiser und seine Zechkumpane wollten es mit einer unvorstellbaren Menge aufnehmen: „Sieben Fässer Wein können uns nicht gefährlich sein …"

Mit Wein hatte es auch Udo Jürgens, besonders mit griechischem. Blödelbarde Frank Zander ließ offen, was er sich hinter die Binde kippt, Hauptsache, er hatte einen Grund zum Guddeln: „Ich trink auf dein Wohl, Marie ...“

Auf was eine hochschwangere 24-jährige Polin trank, konnte nicht abschließend geklärt werden. Im zentralpolnischen Lodz brach sie in einem Schnapsladen nicht nur lustlos, sondern vor allem bewusstlos zusammen. Mit einem Blutalkoholwert von 2,6 Promille wurde sie ins Krankenhaus eingeliefert. Um das Ungeborene zu retten, trafen die Ärzte eine nüchterne Entscheidung. Die Geburt wurde umgehend per nach dem Schlagerfuzzi Roland Kaiser benannten Schnitt eingeleitet. Und dann der Schock! Der kleine Junge hatte 4,5 Promille im Blut. Lebensgefährlich schon bei Erwachsenen. Die Staatsanwaltschaft nahm gegen die Mutter umgehend Ermittlungen wegen schwerer Körperverletzung auf. Auch das Jugendamt wurde eingeschaltet.

Und was lehrt uns diese tragische Geschichte? Trinke stets in Maßen und nicht in Massen! Im trinkfesten Osteuropa stößt man aber mit diesem Rat auf taube Ohren. Die Kultur des enthemmten Saufens wird bei slawischen Volksstämmen den Kindern bereits in die Wiege gelegt.

Nicht oben ohne

Vor einigen Jahren antwortete ein Hamburger Millionär auf die Frage, auf welche Art und Weise er zu seinem Reichtum gekommen wäre: „Wissen Sie, hätte ich arbeiten müssen, wäre mir gar keine Zeit mehr geblieben, Geld zu verdienen.“

Es gibt zwei Möglichkeiten, zu Reichtum zu kommen – eine legale und eine illegale. Die erste Variante ist dabei die langwierigere und langweiligere. Und sie erfordert viel Schweiß und noch mehr Stress. Aber ganz gleich auf welchen Weg hin zum Reichtum man sich begibt, es ist in jedem Fall eine gehörige Portion Kreativität erforderlich.

Besonders einfallsreich zeigen sich Drogenschmuggler. Immer wieder kommen sie auf die raffiniertesten Verstecke, um ihre heiße Ware unentdeckt über Ländergrenzen hinwegzubringen. Da wird der Stoff in Stoff, also in Kleidungsstücke, eingenäht. Gern versteckt man, da es mit dem weißen Pulver viel Pulver zu verdienen gibt, die Rauschmittel unauffällig in Auffälligem, wie zum Beispiel in einem Gipsbein, in einer eingeschweißten Schuhsohle oder in Omas hohler Gehhilfe.

„Wir haben so'n Verdacht, schickt
mal 'ne Kollegin als Vergleich!"

Kein Passant wird je in einer jungen Mutter, die mit Kinderwagen und Reisetasche unterwegs ist, eine Drogenkurierin vermuten. Die perfekte Tarnung, denkt sie und hält die gut gefüllte Windel ihres Babys für ein sicheres Versteck. Die kleinen Tütchen, zart umschlossen von einer breiigen Biomasse, bleiben so gut wie unsichtbar. Welcher Polizist wird schon gern seine Nase in ein stinkendes Windelpaket drücken. Ist das Kind etwas älter, dient der Teddy als Transportmittel.

Besonders beliebt bei Drogenschmugglern sind Autos mit ihren Tausenden Versteckmöglichkeiten. Es gibt wohl nicht den kleinsten unentdeckten Hohlraum, der nicht schon genutzt worden wäre. Unterm Armaturenbrett, hinter Türverkleidungen, in einem künstlich vergrößerten Tank, in Autoreifen, hinter Stoßfängern, im Gehäuse der Außenspiegel und selbst in zweckentfremdeten Feuerlöschern. Doch all diese Verstecke, so ideenreich sie auch sein mögen, gegen die Spürnase eines erfahrenen Drogenhundes haben sie keine Chance.

Erfahrung ist auch bei Beamten von Hauptzollämtern die wichtigste Waffe, so der über Jahre geschärfte Instinkt beziehungsweise der geschulte Blick für mögliche wie aber auch für unmögliche Verstecke. Eine 52 Jahre alte Frau geriet im ICE, der von Amsterdam in die Schweiz zuckelte, ins Visier der Zöllner. Den aufmerksamen Beamten war die berauschende Oberweite der gut bestückten Dame aufgefallen. Ihr Vorbau wies mindestens eine Körbchengröße wie die polizeilichen Kennzeichen Dresdens auf, also DD – wenn nicht gar die des Elbe-Elster-Landkreises EE. Ihre brisanten Push-up-Einlagen stachen den Kontrolleuren förmlich ins Auge. So gewaltige Brustprothesen kommen einem schließlich auch nicht alle Tage unter.

Fünfhundert Gramm Kokain wurden der Holländerin aus dem BH operiert. Damit entpuppte sich ihr Einfall als Reinfall. Was ich aber nicht verstehe, als reife Frau hätte sie doch wissen müssen, wohin Männer bei der optischen Inspektion einer Dame zuerst gucken. Denn wie heißt es so schön: „Busen und Po machen Männer froh."

Dame mit Biss

Potenziellen Opfern bleiben nur zwei Möglichkeiten, eine drohende Gefahr abzuwenden: Kampf oder Flucht! Hierfür hat uns die Evolution ein tolles Instrument in die Hand gegeben, einen Adrenalinschub, der augenblicklich sämtliche im Körper versteckten Glukosereserven mobilisiert. Oberarme schwellen an wie der Jangtsekiang am Drei-Schluchten-Staudamm. Muskelfasern in den Beinen zucken nervös, als würde gleich der Startschuss zum 400-Meter-Hürdensprint fallen. Mit anderen Worten, der eigene Körper reagiert auf die drohende Gefahr und befähigt das Opfer in spe den Angreifern Paroli zu bieten, oder aber wenigstens die Beine in die Hand zu nehmen und sein Hinterteil dahin zu bringen, wo es gemächlicher zugeht.

„Und dann haben Sie zugebissen?" – „Ach, das liegt
mir so im Blut!"

Diese vorgenannten Optionen bieten aber keine echte Alternative für eine hochbetagte Dame im dreistelligen Altersbereich. Schon jenseits der achtzig, wenn die schlaffen Drüsen apathisch dahindümpeln und die Muskeln lustlos mit den Schultern zucken, ist mit aktiver Gegenwehr kaum noch zu rechnen. Für die Kleinkriminellen von der

Straße ein kalkulierbares Risiko ohne nennenswerte Risiken. Wehrlose Seniorinnen und Senioren sind die perfekten Opfer. Denn ehe sie geschnallt haben, was mit ihnen passiert ist, haben sie es bereits wieder vergessen.

Ein zusätzliches Handicap dieser Opferklientel bringt der Rollator mit sich, der alles andere als für den blutigen Nahkampf konstruiert wurde. Auch bei der vorwärtsgewandten Flucht bremst er die Fliehenden eher aus.

In Essen meisterte eine im Kopf jung gebliebene Hundertjährige ihre aussichtslose Lage mit Bravour. Plötzlich sah sich die Seniorin zwei skrupellosen Trickbetrügerinnen gegenüber. Die jungen Frauen, die die alte Dame geschickt umstellt hatten, waren beide zusammengerechnet nicht mal halb so alt. Allerdings rechneten sie wohl nicht mit der todesmutigen Entschlossenheit der kampfesbereiten Rentnerin, die bereits länger Altersbezüge bezog, als manch einer in seinem verkorksten Leben arbeiten muss.

Furchtlos und zum Äußersten entschlossen hielt die hochbetagte Dame die beiden zudringlichen Gaunerinnen auf Distanz, wozu sie geschickt ihren Rollator einsetzte wie Polizisten einen Wasserwerfer bei einer eskalierenden Großdemo. In einem günstigen Augenblick gab die Alte einen ohrenbetäubenden Schrei von sich, der sehr dem Schlachtruf eines japanischen Samurai ähnelte, und biss einer Täterin kräftig in den Unterarm. Genervt gaben die beiden jungen Frauen auf und ergriffen mit einem Fluch die Flucht.

Der Verband Deutscher Zahntechniker ist nun am überlegen, ob er nicht aus diesem Vorfall Kapital schlagen könnte, indem er werbewirksam nachfolgenden Werbespruch einsetzt: „Mit den Dritten beißt man besser!"

Ohne Zaum übern Gartenzaun

Wie sollen Völker unterschiedlichster Staaten und Systeme mit grundverschiedenen Religionen friedlich zusammenleben, wenn es nicht einmal zwei Nachbarn schaffen? In einer Gesellschaft besteht die kleinste Zelle eben nicht aus einem Ehepaar, sondern wird durch zwei Nachbarn gebildet. Verstehen sie sich, sind also Gartenfreunde, haben sie das Paradies auf Erden – einen Garten Eden sozusagen. Doch wehe, wenn der eine dem anderen sein Teufel ist, dann werden Rasenmähermesser gewetzt und Spaten, Baumschere oder Axt als schweres Kriegsgerät in Stellung gebracht. Im unerbittlichen Nah-

Aus dem Polizeireport: Nachbarstreit muss nicht vor
dem Gericht enden. Mit einem gesunden Maß an Bösartigkeit
gibt es pragmatische Lösungen.

kampf kommen Blumenkralle, Pflanzschaufel oder Grubber zum Einsatz, denn keiner gibt auf und schon gar nicht nach.

Der Rosenkrieg zweier tief verfeindeter Nachbarn endete in Trier sogar tödlich. Ein 68-jähriger Schrebergärtner hatte es sich nach einem genüsslichen Mahl auf seiner Veranda gemütlich gemacht. Sein 61-jähriger Gartenfreund gönnte ihm offensichtlich das kleine Mittagsschläfchen nicht und setzte mehrere Rasenmäher in Gang – ohne zu mähen.

„Der hat wohl nicht mehr alle Latten am Zaun", schniefte der ruhebedürftige Ruheständler und stürmte das feindliche Nachbargrundstück, nicht ohne sich zuvor mit einer zwei Meter langen Dachlatte bewaffnet zu haben. Wutentbrannt schlug er auf die Rasenmäher ein, als könne er sich so die erhoffte Ruhe verschaffen. Der Lärmverursacher, der es sich selbst im Liegestuhl bequem gemacht hatte, sprang aus selbigem, stürmte zur Laube, aus der er ein Gewehr holte. Ohne Vorwarnung schoss er seinem 68 Jahre alten Opfer in die Brust, welches kurz darauf verblutete.

Wegen Totschlags wurde der Schütze vom Landgericht Trier zu siebeneinhalb Jahren Haft verurteilt. Die amtierende Richterin konnte dem verschmitzt dreinblickenden Angeklagten nicht glauben, dass dieser seinem Nachbarn lediglich einen Denkzettel verpassen wollte. Leider war sein Schuss nach hinten losgegangen. Na ja, vielleicht darf ja der Todesschütze den Gefängnisgarten pflegen – dann allerdings ohne Gewähr.

Übermut tut nicht immer gut

Zu jeder Badesaison dasselbe: Trotz jährlich wiederkehrender Warnungen des Bundesverbandes Deutscher Schwimmmeister, der Wasserschutzpolizei und des Zweckverbandes Deutscher Hersteller von Kinderplanschbecken, sich nicht überhitzt in die kühlen Fluten zu stürzen, gewinnt Gevatter „Leichtsinn" immer wieder die Oberhand und reicht meist junge Nichtschwimmer an Gevatter „Tod" weiter. Badeunfälle sind noch immer die häufigste Ursache für Ertrinkende. Man sollte natürlich das Kind nicht mit dem Bade ausschütten und die Kirche am Dorfteich stehenlassen! Wasserleichen als Folge unachtsamer Badevorgänge bewegen sich im Vergleich zu anderen tödlich ausgehenden Unfallarten im Promillebereich auch dann noch, wenn der Ertrunkene betrunken ertrank.

Aus dem Polizeireport (Wasserschutzpolizei): Aus gegebenem Anlass wird geraten, sich ständig über die aktuellen Wasserstands- und Tauchtiefen zu informieren!

Einen völlig anderen, höchst seltenen, aber umso makabereren Badeunfall mit finalem Ausgang erlebten zwei junge Männer im oberfränkischen Kulmbach, als sie sich vom Sprungturm eines Freibades ins Wasserbecken hechteten. Die beiden 20 und 24 Jahre jungen Männer waren nachts, also im Schutze der Dunkelheit, in das Freibad eingedrungen, auf einen der Sprungtürme geklettert und hatten sich freudejauchzend in die Tiefe gestürzt. Leider war ihnen nicht aufgefallen – es war ja stockdunkel – dass, wegen dringender Sanicrungsarbcitcn, im Schwimmbecken kein Wasser war. Mit anderen Worten: Ihr Sprung ins Ungewisse glich einer Trockenübung.

Als ich diese Meldung las, fielen mir sofort zwei Witze aus Kindheitstagen ein: Die Klasse einer Förderschule für lernschwache Schüler besucht mit ihrem Lehrer das Freibad. Ausgelassen und wild tobend springen die Kinder ins Schwimmbecken, klettern wieder heraus, um erneut hineinzuspringen. Der Bademeister, der die jauchzenden Kinder bemerkt, eilt zum Schwimmbecken und stellt den Lehrer zur Rede: „Was treiben diese Gören hier?" – „Ach", erwidert der Pädagoge lächelnd, „da müssten Sie die Kinder erst mal erleben, wenn Wasser im Becken ist."

Ulknudel Helga Feddersen und Blödelbarde Dieter Hallervorden haben die samstäglichen Badefreuden bereits in den Siebzigern des vergangenen Jahrhunderts in ihrem noch heute beliebten Partylied „Die Wanne ist voll" besungen. Leider war dieses Glück den Kulmbacher Pechvögeln nicht vergönnt. Sie gingen förmlich im Trockenen baden.

Und noch schnell zum Abschluss den zweiten Witz: Drei übermütige Burschen wetten darum, wer es sich traut, von einem Sprungturm in das Becken mit dem niedrigsten Wasserstand zu springen. Der Erste sagte: „Lasst das Wasser auf drei Meter ab!" – Er klettert auf den Turm, hechtet runter, steigt aus dem Becken und schüttelt sich kurz. Außer ein paar Hautrötungen durch den harten Aufprall ist ihm nichts passiert. Der Zweite lacht hämisch: „Das war doch noch gar nichts. Lasst das Wasser auf einen Meter ab!" – Er klettert auf den Turm, lässt sich runterplumsen und bricht sich sämtliche Knochen. Da meint der Dritte: „Das war doch noch gar nichts. Ich springe, wenn da unten ein nasser Waschlappen liegt." – Er klettert auf den Turm, springt runter und sterbend röchelt er seine letzten Worte: „Ihr Schweine habt den Lappen ausgewrungen!"

Beamten-Hometrainer

Der Nachteil von Vorurteilen: Sie haben einen wahren Kern beziehungsweise eine kernige Wahrheit. Auf diese Weise entstehen Klischees: Die auffällige Häufung charakteristischer Merkmale verdichtet sich zu einem über Generationen verfestigten Bild. Bäcker sind Frühaufsteher! Quatsch, denn die typische Backstube mit Meister, Geselle und Lehrjunge stirbt aus. In den industriellen Backfabriken wird rund um die Uhr gearbeitet. Da schlafen Bäcker also auch am Tage. Völlig normal. Beamte tun das ja auch. Allerdings bekommt der Staatsdiener seinen von Schlafmedizinern als wertvoll attestierten Büroschlaf gut vergütet.

Und da sind wir auch schon beim nächsten Vorurteil: Beamte wären faul! Stimmt doch gar nicht. Sie sind sogar oft fleißiger, als sich mancher Pförtner vorstellen kann. In den Augen ihrer Dienstherren machen sie natürlich immer zu wenig. Warum schnell laufen, wenn man bereits am Ziel ist? Oder wie Konfuzius behauptet: „Wer schnell sein will, muss langsam gehen!"

Ein anderer, sogar statistisch belegter Fakt scheint das Klischee des müden, durch miefige Verwaltungskorridore schlurfenden Beamten zu erhärten: Sie, also die Beamten, gehören zu der berufstätigen Gruppe mit den geringsten Arbeitsunfällen. Logisch! Die Arbeit, also die mit vollem Körpereinsatz, ist ja erst die Ursache von Arbeitsunfällen. Wer keinen Sportunfall riskieren will, sollte tunlichst vermeiden, Sport zu treiben! Ganz einfach. „Wer sich in Gefahr begibt, kommt darin um!", steht schon in der Bibel.

Beamte, es sei ihnen von Herzen vergönnt, müssen sich nicht mit gnadenlosem Qualitätsmanagement, knallharter Wertschöpfung und bedingungsloser Termintreue herumschlagen. Deshalb wiegen ihre „Dienstunfälle", wie es in der offiziellen Amtssprache heißt, auch weniger schwer. Prellungen und verstauchte Gelenke nach Stürzen vom Bürostuhl, Stichverletzungen durch spitze Schreibgeräte im Gesicht, Verbrühungen durch diverse Heißgetränke oder gelegentliche

Alkoholvergiftungen komplettieren bereits die ganze Bandbreite. Etwas länger liest sich die Liste von Verletzungen bei Beamten im Außendienst, die einem erhöhten Gefährdungspotenzial ausgesetzt sind.

Ein leitender Ingenieur im Ministerium für Stadtentwicklung in Neu-Dehli wollte sich weder dem hektischen Büroalltag noch der gesundheitlichen Gefährdung aussetzen und saß seine Arbeitszeit einfach zu Hause ab. Seine Devise: „Ich habe meine Arbeit nicht so gern, drum bleib' ich ihr mal lieber fern."

„Kein Schläfer von IS, ein Verwaltungsbeamter
im Stand-by-Modus!"

Im Dezember 1990 war er letztmalig an oder bei der Arbeit gesichtet worden. Immerhin wurde der indische Beamte bereits zwei Jahre später, also 1992, der „vorsätzlichen Abwesenheit vom Dienst" für schuldig befunden. Dies aber ohne jegliche rechtliche Konsequenzen. Erst über zwei Jahrzehnte später, im Januar 2015, wurde ihm endgültig der Dienst quittiert.

Viele Leser mögen sich über diese merkwürdige Verfahrensweise wundern. In Deutschland kann bereits ein blauer Tag zum Blauen Brief führen. Man muss aber bei der Betrachtung dieses seltenen Falls körperlicher Abwesenheit vom Arbeitsplatz bedenken, der Vorgang des arbeitssäumigen Beamten wurde seinerseits von Beamten bearbeitet. Und sollten Sie jetzt denken: Ja, in einem chaotischen Staat wie Indien kann so etwas passieren, dann erwidere ich: Irrtum! Ein Beamter der Stadtverwaltung Cádiz in Südspanien blieb, ohne dass es seine Behörde bemerkt hatte, sechs Jahre am Stück der Arbeit fern, bezog sogar ohne Gewissensbisse sein Gehalt weiter. Erst als ihm sein Dienstherr für zwanzig treue und aufopferungsvolle Dienstjahre eine Plakette überreichen wollte, wurde seine körperliche Abwesenheit bemerkt.

Etwas kann man aus diesen merk- beziehungsweise denkwürdigen Episoden lernen: Eine hundertprozentige Fehlervermeidung ist bei einer kompletten Abkehr von der beruflichen Tätigkeit durchaus möglich. Wem dieses Husarenstück gelingt, also die völlige Arbeitsverweigerung so zu tarnen, dass sie bei den Chefs als übersteigerte Einsatzbereitschaft ankommt, dem eröffnen sich beste Karrierechancen. Hätte der geschasste Beamte aus Indien seine träge Faulheit, versteckt zwischen Ordnern und Aktenbergen, im Büro ausgelebt, wäre er heute noch in Lohn und Brot – möglicherweise sogar wegen Null-Fehler-Quote befördert worden.

Das stinkt nicht bis zum Himmel

Körpergeruch kann sehr unangenehm sein, besonders für die Umwelt, nicht für die Stinkbombe selbst. Dabei werden gasförmige Absonderungen unterschiedlich wahrgenommen, bis hin zur Benommenheit. Gerade die Ausdünstungen stark behaarter Männer, ein evolutionärer Seitentrieb frühgeschichtlicher Primaten, die ihre Fellpflege nur mäßig anstatt regelmäßig betreiben, können auf die seismografischen Rezeptoren zarter Nasen paarungswilliger Weibchen äußerst abstoßend wirken. Stinktiere finden dagegen ihre helle Freude an den fortgeschrittenen Verwesungsgerüchen.

„Ich hatte ihm vorher noch gesagt: ‚Wasche dich gründlich und putze deine Zähne!‘"

Ein Franzose algerischer Abstammung musste auf dem Pariser Flughafen *Charles-de-Gaulle* eine Maschine der US-Fluggesellschaft *American Airlines* wegen seines brechreizfördernden Körpergeruchs verlassen. Die Besatzung weigerte sich, mit diesem Stinkstiefel an Bord in die Luft zu gehen. Das nenne ich mal wahre Bodenhaftung. Aber was blieb der Crew auch anderes übrig, nachdem erste Passagiere Opfer einer bedenklichen Schnappatmung geworden waren? Ammoniakähnlicher Schweißgeruch ist wie *Drei Wetter Taft*, der hält – egal ob Sonne, Regen oder Sturm.

Und ich möchte hier eines klarstellen, das war kein meldepflichtiger Fall rassistischer Ausgrenzung. Auch ich möchte während eines Langstreckenfluges nicht neben einem Typen sitzen, der müffelt wie eine rumänische Abdeckerei im Hochsommer. So viele Toiletten besitzt nämlich ein Flugzeug gar nicht, in die herumsitzende Fluggäste flüchten könnten, um wenigstens dort an etwas frische Luft zu kommen.

Der nach einem vollen Korb wochenlang getragener Bergmannssocken stinkende Franzose, dessen Transpirationsrückstände sich wie ein Panzer über seine Haut gelegt hatten, verließ die Maschine unter heftigsten Protesten. Tja, mein Lieber: Wer nicht gut duftet, muss verduften. Und was kann man noch aus dieser kleinen Episode lernen? Wer sich nicht wäscht, muss noch lange nicht mit allen Wassern gewaschen sein.

Ohne signieren resignieren

Als Autor von über einem Dutzend satirischer Bücher kann ich bestätigen, was für ein erhebendes und erhabenes Gefühl es ist, seine eigenen kreativen Auswürfe signieren zu dürfen. Auch lästige Sonderwünsche, wie etwa ein namentlicher Zusatz, für wen das Buch bestimmt sein soll, werden gern und ohne Murren erledigt. Das ist man seinen treuesten Fans einfach schuldig, auch wenn die meisten Käufer das Buch nicht für sich, sondern als Geschenk erwerben. Jeder Künstler sollte bedenken: Wer in die Öffentlichkeit drängt, kann von ihr bedrängt werden. Völlig harmlos, wenn es dabei nur um die verpflichtende Erfüllung von Signaturen geht.

Eines jedenfalls ist so sicher wie das Meisterabo des FC Bayern München: Man muss schon eine Menge dafür tun, damit die Menge Autogramme wünscht. Erstklassige Fußballprofis, hochkarätige Schauspieler, weltberühmte Musiker, begnadete Maler und andere international umjubelte Künstler, wie auch ich, erledigen diese öffentlichkeitswirksame Aufgabe mit dem nötigen Respekt vorm Publikum, nicht aber ohne ein angenehmes Wohlwollen.

Wie aber müssen sich die weißen Halbgötter aller medizinischen Fachgebiete fühlen, denen die euphorische Anerkennung versagt bleibt? Sie werden in tiefstem Maße frustriert sein, würde ich vermuten. Nach so vielen entbehrungsreichen Lehrjahren sich endlich am morschen Gewebe mürrischer Kassenpatienten beweisen zu können, und kein genesender Kranker verlangt nach einem Autogramm. Keine Standing Ovations bettlägeriger Blasenpatienten mit fortgeschrittener Schließmuskelschwäche. Niederschmetternd für jeden um Achtung und Anerkennung buhlenden Arzt. Da kann man schon auf abwegige Gedanken kommen.

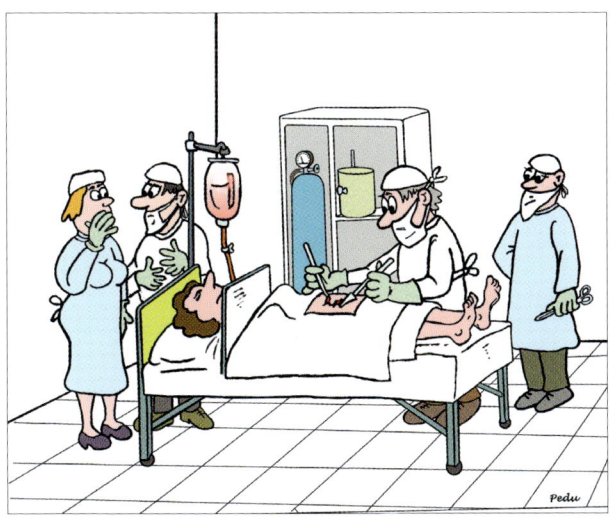

„Und jetzt fügt der Chef seine Genitalien dazu?" – „Die Initialen, Schwester Gerda, die Initialen!"

Einen Transplantationsmediziner aus dem Queen-Elizabeth-Hospital in Birmingham, der bereits zahlreiche Patienten vorm Weiterleben gerettet hatte, ärgerte das abseitige Leben eines stillen Stars. Statt Rampenlicht nur OP-Licht. Kein aufbrausender Applaus nach getanem Auftritt am Operationstisch. Keine frenetisch geforderte Zugabe.

„Wenn Sie mir vielleicht gleich noch Milz oder Blinddarm rausschnippeln könnten?" So kam besagter Arzt auf die Idee, eingepflanzte Organe mit seinen Initialen zu signieren. Besonders einzupflanzende Lebern hatten es ihm angetan. Was die betroffenen Patienten davon hielten, war ihm wurst, sozusagen Leberwurst.

Mit dem Edelgas Argon brannte er die Anfangsbuchstaben seines Namens auf Organe, wie ein Qualitätssiegel im Warenausgang. Mit anderen Worten: Dieser Chirurg machte nicht nur einen Schnitt, sondern viele Schnitzer.

Abreibung statt Einreibung

Kein Vorteil ohne Nachteil! Gerade beim Thema Alkohol beweist sich diese altbewährte Weisheit, denn Alkohol kann nützen und schaden – und das ist schade. Aber selbst, wenn er Schaden anrichtet, bringt er noch Nutzen – und zwar denen, die ihn herstellen, verkaufen und besteuern.

Grundsätzlich überwiegen aber die Vorteile. Alkohol wird für zahlreiche Produkte der Kosmetikindustrie benötigt: Rasierwasser, Eau de Toilette oder Nagellack. Aufgrund seines hohen Brennwertes findet sich Alkohol auch im Brennspiritus wieder. Die chemische Industrie wäre ohne Alkohol undenkbar. Ebenso die Schokoladenhersteller, die *Mon Chéri*, Weinbrandbohnen oder Eierlikörpralinen ansonsten auf alkoholfreier Basis herstellen müssten. Selbst in der Medizin kann auf Alkohol nicht verzichtet werden, egal ob im Desinfektionsmittel oder Hustensaft.

Aber Vorsicht! Nicht jeder Senior, der stinkt wie eine schottische Destille bei Ostwind, muss gleich Alkoholiker sein. Gerade der hochbetagte Patient schätzt die äußere Anwendung des schmerzlindernden Hausmittels. Alte Leute reiben sich gern mit Franzbranntwein ein, damit es wieder läuft wie geschmiert. Eingeschmiert wurden auch die alten Pharaonen nach ihrem Ableben, um auf diese Weise als Tote die Jahrhunderte zu überleben.

Übrigens stammt der Name Franzbranntwein aus Frankreich, wo bis ins frühe 18. Jahrhundert jeglicher Weinbrand diese Bezeichnung trug. Erst ab 1726 verwendete man andere Begriffe wie zum Beispiel Cognac. Diesen hatte ein Rentnerehepaar aus Mecklenburg-Vorpommern bis zur Besinnungslosigkeit in sich hineingeschüttet. Mit Alkoholvergiftung wurden die beiden 80-Jährigen ins Krankenhaus eingeliefert. Ein Bekannter, der die beiden Schnapsdrosseln gefunden hatte, alarmierte die Rettungskräfte. Diese vermuteten zunächst eine

„Das ist aber für heute das letzte, Micha!"

Vergiftung durch eine unbekannte Substanz. Wie sich jedoch herausstellte: Es war schlichtweg einfach zu viel Cognac. Hätten sie sich lieber mal mit der braunen Brühe eingerieben, wäre ihnen die anschließende Abreibung erspart geblieben, denn Magenauspumpen ist auch nicht wirklich angenehm. Auf alle Fälle wurden die beiden Senioren aus Ludwigslust zu Ludwigs Last.

Abschreckende Vorbildwirkung

Mein Vater gab mir eine sehr wichtige Lebensweisheit mit auf meinen holprigen Lebensweg. Woher er diese hatte, entzieht sich meiner Kenntnis. Eines Tages nahm er mich mit resignierter Stimme zur Seite, wie es nur Eltern tun können, die alle Hoffnung begraben haben, dass aus ihrem missratenen Kind wenigstens ein ehrlicher Betrüger wird. Ich war zu diesem Zeitpunkt ein frühpubertierender Teenager im Anfangsstadium. In mir kochte und brodelte es wie in den Giftküchen von Bayer oder BASF. Ich war ein verzogener Knabe fern jeden Anstands. Durch die hormonelle Umstellung hatte auch mein Darm keinen Charme.

Vater streichelte mir damals zärtlich über die Stoppelhaare, ehe er mir eine schallende Ohrfeige verpasste und dann sagte: „Merke dir eins, mein Junge! Ein leuchtendes Vorbild wird leider nicht mehr aus dir, aber du hast alle Voraussetzungen, wenigstens ein abschrecken-

„Die Schulzen sagt, Ronny wird dir immer ähnlicher!" –
„Was'n, gibste dem Kleenen schon Bier?"

des Beispiel zu werden." Seine beherzten Worte nahm ich mir zu Herzen. Wenn ich schon nicht helfen konnte, wollte ich wenigstens stören. Wenn ich bei Gesprächen nichts Gescheites beitragen konnte, erzählte ich den größten Schwachsinn. Mein Vater kann also richtig stolz auf mich sein. Und da bei mir nichts rund läuft, ecke ich überall an.

Die Früchte der Erziehung des Sohnes meines Vaters haben sich letztendlich ausgezahlt, indem sie sich in der nächsten Generation ins Gegenteil verkehrten. In tiefster Verachtung und ohne jeglichen Respekt warf mir meine Tochter an den Kopf, als sie in diesem schwierigen Alter war: „So wie du will ich mal nicht werden."

Und was kann man daraus lernen? – Man muss nicht selbst ein Vorbild sein, wenn man Vorbildliches erreichen will. In Grünstadt, in Rheinland-Pfalz gelegen, wurde die Mutter ihres unter Drogen stehenden Sohnes aufgefordert, den bekifften Flegel bei der Polizei abzuholen. Der 29-jährige Lümmel war ohne Führerschein und mit mehreren berauschenden Kräutermischungen zugedröhnt bei einer Polizeikontrolle erwischt worden. Seine Mutter erschien auch prompt auf der Wache, um ihren Sprössling wie einen Dreijährigen aus der Kita abzuholen. Als diese in der Dienststelle erschien, fiel den Polizisten nicht nur ihr schwankender Gang, sondern auch ihr starker Alkoholgeruch auf.

Die Motive der Mutter, selbst betrunken auf der Wache zu erscheinen, waren unter Umständen nicht ganz uneigennützig. Vermutlich hoffte sie, von den strammen Beamten zum Blasen aufgefordert zu werden.

Aus den Angeln gehoben

Die einfachste Form des Abfischens wird von gestressten Psychologen, den sogenannten Genervten, als beruhigende Entspannungstherapie empfohlen, weil Angler beim aktiven Angeln völlig passiv bleiben. Mit der Bewegungsfreude einer griechischen Statue hocken Angler oft tagelang mit gekrümmten Rücken am Ufer eines Flusses, Sees oder Feuerwehrteichs. Puls und Atmung fahren sie auf ein Minimum herunter. Dabei glotzen sie, die Seele klimpert irgendwo zwischen den Kniescheiben, in erstarrter Pose auf ihre Angelpose. Sie hoffen auf den Moment, in dem ein kapitaler Stichling am Köder knabbert.

In unseren Breiten zählt Angeln zur sportlichen Freizeitbeschäftigung. Von der körperlichen Anstrengung her mit Schach vergleichbar, nur dass man beim Angeln nicht nachdenken muss. Angler haben so

gut wie keine Zuschauer. Kein Wunder, ihr Sport ist ja genauso spannend wie Yoga, Pilates, Badminton oder Synchronschwimmen. Wer mag schon jemandem stundenlang beim Nichtstun zuschauen? Wer schon mal in einer Behörde auf seinen Aufruf gewartet hat, wird mich verstehen.

Angler sind aber nicht nur „ruhige Beamte", sie zählen auch zu den Geheimnisträgern: Niemals verraten sie ihre ergiebigsten Fang-

beziehungsweise Fundgründe. Eindringlinge werden mit tiefster Verachtung gestraft, denn sie sind nicht nur Nahrungskonkurrenten, sondern Wilderer in ihrem Revier. Mit der gnadenlosen Härte früherer Grenzsoldaten werden sie wie ehemalige Zonenflüchtlinge zur Strecke gebracht.

In Schkopau, einer kleinen Kleinstadt im Land der späten Frühaufsteher, ereignete sich ein derartiger Vorfall. Ein 63-jähriger Petrijünger hatte gerade seine Angelrute ausgeworfen, als plötzlich wild gestikulierend ein hochgradig erregter Choleriker auf ihn zugestürzt kam und unbeherrscht auf ihn einschlug, als hätte er seine Frau und nicht seinen Angelplatz bestiegen. Laut Polizei überstand der Fischdieb die Prügelattacke mit leichten Blessuren. Schwerer zu beklagen war da schon der entstandene Kollateralschaden – ein zerfetztes T-Shirt.

Die ganze Aufregung ist nicht nachvollziehbar. Die Saale, an der sich diese Tragödie abspielte, ist doch weiß Gott lang genug für zwei Angler. Und zwei Ufer hat sie außerdem. Hätte der Tobsüchtige nicht einfach seinem Artgenossen die gebräuchliche Frage stellen können: „Beißen sie?"

Und der Angesprochene hätte antworteten können: „Nein, ich bin friedlich."

Aber gleich mit den Fäusten aufeinander losgehen? Wahrscheinlich ist das so in der schuppigen Zunft: Nicht nur der Fisch stinkt vom Kopf. Der Angler offensichtlich auch manchmal.

Auge um Auge, Strahl um Strahl

Gewisse Dinge, so schön und erhebend es auch für den Einzelnen sein mag, sie zu tun, verbietet der gesunde Menschenverstand: intensives Nasebohren während eines festlichen Banketts, voluminöse Darmentleerungen auf Grünflächen städtischer Parks, rektale Luftabsenkung während einer dentistischen Wurzelbehandlung oder das Bepinkeln öffentlicher Gebäude, besonders von außen. Gerade stark frequentierte Bahnhöfe geraten immer wieder ins Fadenkreuz rücksichtsloser Wildpinkler. Auch wenn sie ihre urinalen Ausscheidungen sozusagen mit warmer Hand geben, hinterlassen sie Düfte, die an die Geruchsintensität versiffter Bordtoiletten asiatischer Nachtzüge erinnern. Nicht gerade angenehm für Leute mit hochsensiblen Nasenschleimhäuten und akuter Brechreizneigung.

Aus dem Polizeireport: Selbstgefertigte Ver- und Gebotsschilder müssen der aktuellen Rechtslage entsprechen. Hier z. B. liegt ein krasser Verstoß gegen die Gender Equality vor!

Jeder hat doch schon einmal diese hochnotpeinliche Situation in Städten erlebt. Man ist unterwegs und muss eilig aufs Klo. Und was passiert? Entweder ist keine Toilette in der Nähe oder man scheitert mangels Münzen am Drehkreuz. Da kann es schnell ans Eingemachte gehen. Widerrechtliche Blasenentleerungen sind doch dann nur allzu menschlich. Wer das bestreitet, werfe den ersten Nierenstein.

Trotzdem hat die Deutsche Bahn den Wildpinklern den Kampf angesagt. Ihr Motto dabei: „Wasser marsch, zurück!" Die in Hamburg bereits Wirkung gezeigten Maßnahmen kamen nun auch im Kölner Bahnhof zum Einsatz. Immer wieder von Pissüberfällen be- und getroffene Wände wurden mit einem feuchtigkeitsabweisenden Speziallack beschichtet. Dabei setzte die Deutsche Bahn sogar auf Fair Play, indem sie mit Schildern vor den tückischen Gefahren warnt: „Hier bitte nicht pinkeln! Wand pinkelt zurück." Um auch fremdländische Fahrgäste vor den peinlichen Folgen eines ungehinderten Wasserabschlags zu schützen, wurden international verständliche Schilder angebracht. Der auf die Wand gerichtete Strahl kommt im selben Winkel zurück. Erinnert an reflektierendes Licht nach dem physikalischen Grundsatz: Eintrittswinkel gleich Austrittswinkel.

Harte Zeiten für blasengeschwächte Reisende mit schwacher Moral, aber starkem Harndrang, denn nun ist es vorbei mit der schnellen Nummer. Keine strahlenden Gesichter mehr nach einer erlösenden Blasenentleerung. Wildpinkler, die die Aktion für einen Scherz der Deutschen Bahn hielten und fröhlich weiterpinkelten, waren echt angepisst. Die Strafe folgte quasi auf dem Fuß. Und einmal mehr hat sich die Weisheit bewahrheitet: Steter Tropfen höhlt das Bein!

In die Zange genommen

In der Arithmetik herrscht das Prinzip bedingungsloser Logik. Die Summe aller Zahlen, die auf beiden Seiten einer Gleichung stehen, ergibt immer den gleichen Wert, es sei denn, sie sind von unterschiedlicher Wertigkeit. Aber dann steht da mittendrin auch kein Gleichheitszeichen, sondern ein „größer als" oder „kleiner als". Was in der Mathematik so wunderbar funktioniert, versagt bei uns Menschen restlos, denn Sex ist nicht gleich Sex.

Es gibt Hunderte unterschiedliche Fetische, die einem die Haare, sofern Mann noch welche hat, zu Berge stehen lassen können. Stellvertretend möchte ich hier ein paar nennen: zum Beispiel die Befriedigung mit Baumrinde. Bei einem entsprechend großen Astloch hätte ich das ja noch verstanden. Dann bekäme auch ein gewisser Ausspruch Sinn: „Im Holz steckt der Wurm." Aber die Rindenfetischisten geilen sich mit der rauen und harten Außenseite von Baumrinden auf. Ich kann dazu nur sagen: Diese Sexisten sind auf dem Holzweg.

Andere Lustmolche lieben leidenschaftlich Bondage, also erotische Spiele, bei der sie ihre Partnerin fesseln. Bereits der nackte Gedanke an Seile sorgt bei den Fesselliebhabern nicht nur für feuchte Augen. Würde es bei uns noch die Todesstrafe durch Erhängen geben, bekämen wahrscheinlich diese Typen beim Anblick der Schlinge eine Erektion.

Noch durchgeknallter sind Männer, die ihre Gespielin in Frischhaltefolie pressen, um sich dann am Schweiß der transpirierenden Dame zu laben. Kleiner Tipp: Ein paar Scheiben *Esrom* oder *Alter Schwede* dazwischenschieben, da wird's auch geruchsmäßig gleich viel interessanter.

Die Bandbreite an fantasierten und ausgelebten Fetischen ist lang. Manche Männer erregt es, wenn sich die Frauen Senf auf die Füße streichen. Bei *Bautz'ner Senf* fände ich das ja sogar noch okay. Bei anderen muss es ein stinkender Hering sein, der auf dem weiblichen Bauchnabel vor sich hin müffelt, ehe die sexuellen Abweichler auf Touren kommen.

Mit einem völlig abgefahrenen Fall von Fetisch musste sich ein Gericht im neuseeländischen Wellington befassen. Ein 56-jähriger Mann wurde schuldig gesprochen, Frauen beim wilden Liebesspiel ohne Betäubung, aber immerhin mit einer Zange Zähne ausgerissen zu haben. Vier Frauen berichteten übereinstimmend, dass der Beschuldigte plötzlich eine Zange zückte und sich an ihren Beißerchen verging. Einer Frau, die er fast bis zur Besinnungslosigkeit stimuliert hatte, zupfte er sechs Zähne von der Kauleiste.

Wo mag dieser seltene beziehungsweise seltsame Fetisch seine Zahnwurzeln haben? Vielleicht handelt es sich um einen gescheiterten Zahnmedizinstudenten, der im höchsten Grad sexueller Erregung das tiefe Verlangen verspürt, sich am Gebiss seiner Partnerinnen zu versündigen. Oder auch diese Variante ist tiefenpsychologisch denkbar: Der kleine Zahnfetischist wurde als Dreikäsehoch von einer jun-

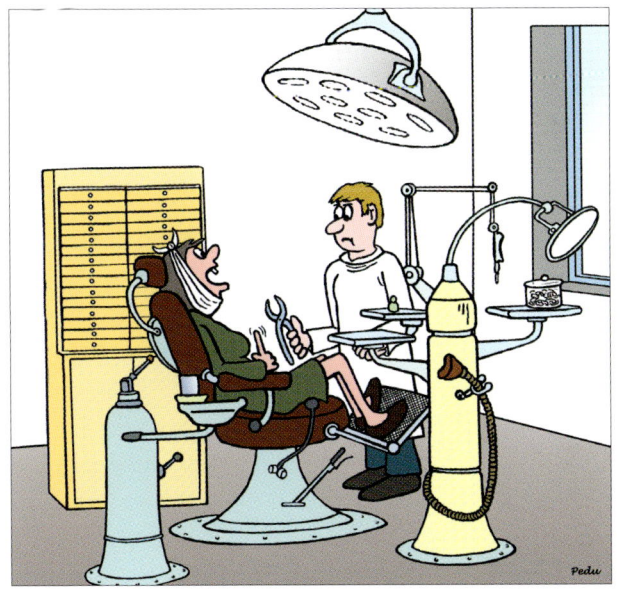

„Aber nur, wenn Sie mich hinterher ganz, ganz lieb haben. Sie versteh'n doch, was ich meine?"

gen Dentistin gequält und leidet seitdem an einer posttraumatischen Belastungsstörung. Was wir als Erwachsene tun oder lassen, hat oft seinen Ursprung in unserer verkorksten Kindheit.

Wie dem auch sei, das Gericht zeigte dem Zahnmonster die Zähne und schickte es wegen vorsätzlicher und schwerer Körperverletzung für die nächsten sechs Jahre in den Knast. Die Fortführung seiner Leidenschaft, die bei anderen Leiden schafft, wird dem Fetisch-Verbrecher damit auf Jahre unmöglich sein. Dieses abgrundtiefe Verlangen kann er sich nun aus dem Kopf schlagen. Mit anderen Worten: Den Zahn kann er sich ziehen.

Fahrt nach Rügen war kein Vergnügen

Der Orientierungssinn ist geschlechtsspezifisch unterschiedlich stark oder eben schwach ausgeprägt. Männer kennen das von ihren Frauen, wenn diese im Straßengewirr einer fremden Stadt planlos umherirrten und mehrmals an der gleichen Stelle vorbeikommen, ohne es selbst zu bemerken. „Schau mal, Liebling, hier ist schon wieder so eine kleine, hübsche Kirche – schon die dritte."

Nicht aufregen, liebe Männer! Frauen können nichts dafür, genauso wie wir Männer nichts dafür können, dass in unserer Wahrnehmung Staub, Schmutz und Dreck keine Rolle spielen. Das sind Überbleibsel einer noch immer anhaltenden evolutionären Entwicklung, die in einer andalusischen Wohnhöhle begann und zwischenzeitlich in einer Penthouse-Wohnung einen Zwischenstopp eingelegt hat.

Der Orientierungssinn bei Männern ist spektakulär. Sie können förmlich die Himmelsrichtungen riechen. Und wenn sie sich doch mal verirrt haben, nehmen sie ein Taxi. Innerhalb kürzester Zeit mussten sich die Jäger der Frühzeit im fremden Gelände zurechtfinden, während die Frauen immer in Sichtweite ihrer Höhle blieben. Sie behüteten den Nachwuchs, kümmerten sich um die pflegebedürftigen Senioren und kochten Suppe für die Sippe. Deshalb steckt auch heute noch ihre räumliche Vorstellungskraft in den Kinderschuhen. Oder wie erklären Sie sich die imposanten Ausmaße eines Frauenparkplatzes, auf dem bequem der Mannschaftsbus des FC Bayern München parken könnte?

Zum Glück gibt es eine Erfindung, die vor allem für motorisierte Frauen entwickelt wurde: das Navigationsgerät. Es soll den Asphaltpilotinnen helfen, sich im Dschungel fremder Großstädte zu verfahren. Und dies ist einer Hamburgerin gründlich gelungen. Anstatt in ihrem Feriendomizil auf Rügen kam sie im Duisburger Innenhafen an – immerhin 650 Kilometer vom eigentlichen Ziel entfernt. Im festen Glauben, am richtigen Ort zu sein, wollte sie im gebuchten Hotel einchecken, fand aber nur ihren Reiseveranstalter, der sie über ihre Panne aufklärte. Sie hatte nämlich anstatt der Adresse des Rügener Hotels die des Reiseveranstalters aus Duisburg ins Navi eingegeben. Insofern – was ihre Eingabe betraf – war sie doch wieder richtig.

Aus dem Polizeireport: Achtung, blindes Vertrauen zu Ihrem Navigationsgerät kann zu dessen Beschädigung führen!

Nasse Füße dagegen bekam ein fehlgeleiteter polnischer Lastwagenfahrer, der sich, ohne selbst mitzudenken, auf sein Navi verlassen hatte, welches ihn in einen Fluss dirigierte. Seine Orientierungshilfe erkannte an einer Stelle eine Brücke, an der sich aber lediglich eine

Zufahrt zur Oder befand. Ungebremst bretterte der Mann ins kühle Nass. Sein Fahrzeug wurde einige Hundert Meter abgetrieben. Letztendlich ging diese Panne glimpflich aus, denn er und sein Beifahrer konnten rechtzeitig gerettet werden.

Und was können wir aus diesen beiden Episoden lernen? Sich auch mit starker Brille nicht blindlings auf technische Geräte verlassen! Zur Not mal den eigenen Verstand einschalten! Und immer an den Grundsatz halten:

Navis solltest du nicht blind vertrauen,
und keinen Autos, die die Polen bauen!

Gut, das hat sich seit 2002 von selbst erledigt, denn Polen hat sich als Produktionsstandort für Automobile verabschiedet. Und so passt der Reim:

Im Jahr 2002 vom Straßennetz,
wurd' genommen der POLONEZ.

Alles für die Katz

Es gibt Haustiere und es gibt Katzen. Während man Hunde, Wellensittiche oder Flöhe abrichten kann wie nordkoreanische Soldaten, lassen Stubentiger kein sichtbares Interesse erkennen, auf irgendjemanden zu hören, auf den eigenen Besitzer schon gar nicht. Katzen sind wie CSU-Politiker: Beim Jagen schießen sie sehr schnell übers Ziel hinaus. Sie schnurren vor den Stammtischwählern, um sich nach einer Wahlschlappe ausgiebig der Fellpflege zu widmen. Ansonsten wird mit gesteigerter Vorliebe gefaulenzt. Erst wenn die *Brekkies*-Tüte raschelt, verlassen die Samtpfötchen ihr Kuschelkörbchen.

Über diese Raubtiere in Bonsaiformat ist schon viel geschrieben worden. Es gibt Dutzende Sprichwörter: Läuft eine schwarze Katze über die Straße, soll das Glück bringen. Aber nur „von rechts nach links – gelingt's", weiß zumindest der Volksmund. Stellt sich allerdings die Frage, ob dies auch gilt, wenn die Katze dabei überfahren wird. Und sollte, wovon stark auszugehen ist, die Katze den Unfall nicht überlebt haben, damit ihr siebentes Leben ausgehaucht sein?

„In der Nacht sind alle Katzen grau", behauptet ein anderes geflügeltes Wort. Was natürlich die Frage aufwirft: Gilt dies auch für graue Katzen?

Eines der wohl bekanntesten Redewendungen lautet aber: „Ist die Katze aus dem Haus, tanzen die Mäuse auf dem Tisch." Im nachfolgenden Beispiel waren es aber die Katzen, die auf dem Tisch tanzten:

„Morgen müssen wir aber wieder Verstecken spielen,
sonst bekomme ich Krach!"

Wegen nächtlicher Ruhestörung wurde eine Polizeistreife in Kaiserslautern zu einem Mehrfamilienhaus gerufen. Nachbarn und Anwohner hatten sich heftig darüber beschwert, dass aus einer Wohnung immens laute Fernsehgeräusche drangen. Trotz heftigen Klopfens, Sturmklingelns und An-die-Tür-Wummerns reagierte niemand. Logisch, wer sollte den Krach bei diesem Lärm schon hören?

Den Ordnungshütern blieb also nichts weiter übrig, als die Wohnung gewaltsam zu öffnen. Zu ihrer Überraschung fanden sie zwei putzmuntere Katzen vor, die offensichtlich über die am Boden liegende Fernbedienung marschiert waren, bis die Regler auf Maximum standen. Die beiden behaarten Ruhestörer hatten die Abwesenheit ihrer Besitzerin ausgenutzt, mal so richtig die Sau rauszulassen. Die Polizisten stellten das Gerät ab, sicherten die Fernbedienung vor erneutem Missbrauch und schickten die aufgebrachten Anwohner in die Betten.

Somit war schließlich sichergestellt, dass die völlig konfusen Nachbarn noch ausreichenden Nachtschlaf fanden, um am nächsten Morgen nicht mit einem Kater aufstehen zu müssen. Trotzdem muss man abschließend das Fazit ziehen: Dieser Polizeieinsatz war für die Katz!

Kleine ganz groß – 2

Ein Cent, die kleinste Münze im europäischen Währungsverbund, ist auf den ersten Blick nicht viel wert. Es gibt keinen Gegenstand und keine Dienstleistung, die man sich dafür kaufen könnte. Und trotzdem, in der Masse hat auch die Eincentmünze Klasse. Wenn jeder deutsche Bundesbürger mir nur eine einzige dieser läppischen Münzen spenden würde, könnte ich mich über 800.000 Euro freuen und bräuchte nicht mehr solche schwachsinnigen Texte zu schreiben.

Jedenfalls beweist diese Rechnung eines: Ganz viel von wenig kann sich zu einer ansehnlichen Menge summieren. Oder anders ausgedrückt: Auch mit wenig lässt sich viel erreichen. Eindrucksvoll stellten fünf Kinder im US-Bundesstaat North Dakota diese These unter Beweis. Als auf der Veranda des Nachbarhauses ein Feuer ausbrach, griffen die Kids zu ihren Wasserpistolen und bekämpften aufopferungsvoll den Brandherd. Und jeder Feuerwehrmann wird erblassen: Die

Kinder konnten das Feuer unter Kontrolle bringen und später sogar vollständig erledigen. Damit retteten sie den kranken Nachbarn, der nicht in der Lage gewesen wäre, sich selbst in Sicherheit zu bringen. Eine wirklich tolle Leistung, ganz nach dem Motto: Kleinvieh macht auch Mist.

Viel Mist fabrizieren auch kleine Politiker, also echt zu kurz Gekommene, denn Kleinwuchs geht oft mit Größenwahn einher. Aber während die Kinder ein bedrohliches Feuer löschten, hatte der Pyg-

„Das kenne ich von meinem Opa, Zwerge brauchen keinen
extra Stab, die tragen den in der Hose!"

mäenverschnitt Napoleon halb Europa in Brand gesteckt. Ein anderer Brandstifter ist der lupenreine Despot vom Roten Platz, der eher die Rote Karte verdient hätte. Wladimir Putin, der in der Ukraine zündelte und seinen Hintern, eher ein Fall für den Kindersitz, auf die Krim drückte, während Europa nur grimmig guckte.

Ohne List ließe sich diese Liste fortführen. Zum Beispiel mit dem undankbaren und im Mai 2012 abgedankten französischen Staatspräsidenten Nicolas Sarkozy, der größenmäßig keinen Leib-, sondern Kinderarzt bräuchte. Auch der italienische Präsident Silvio Berlusconi, von dessen krimineller Energie jeder Mafiapate nur träumen kann und der schon vorm Frühstück minderjährige Mädchen verspeiste, wollte sich gleich per Gesetz straffrei stellen lassen. Ja, Größenwahn lässt grüßen. Dabei sang er wie Rapunzel vergnügt: Und ist er noch so klein, ich ziehe meinen Schwanz nicht ein!

Am Ende kommt alles raus

Den zu DDR-Zeiten von der Parteiobrigkeit gern gebrauchten Spruch „Von der Sowjetunion lernen, heißt siegen lernen!", dichtete der nicht auf den Mund gefallene Volksmund um in: „Von der Sowjetunion lernen, heißt siechen lernen!" Und das traf ja dann auch mit ihrem Untergang 1989 irgendwie zu. Das Sowjetreich zerfiel und auch der Ossi fiel, und zwar rein auf schlitzohrige Wessis. Doch trotz allen Lehrgelds, das wir zähneknirschend abdrücken mussten, finde ich es gut, dass wir den Blick gehoben haben, um über den Tellerrand zu gucken. Manchmal verbergen sich gerade dort Lösungen für Probleme, die man eigentlich gar nicht hat. Auf jeden Fall erweitert ein Blick in die Ferne den eigenen Horizont.

Warum nicht vom Erfahrungsschatz anderer lernen? Man muss nicht jeden Fehler nachmachen. Auch ohne Schmerzen kann man lernen, vor allem dazulernen. Die Chinesen haben es doch erfolgreich vorgemacht, indem sie alles nachgemacht haben. Ein fernöstliches Lächeln auf den Lippen, schon klickten und surrten die Kameras bei deutschen Betriebsbesichtigungen. Und später, schwuppdiwupp, waren Jumbojet, elektrische Zahnbürste und sprechende Toilettenbürste nachgebaut.

Besonders die Sicherheitsorgane unseres Landes sollten sich bei ihren Kollegen in der Welt umschauen. Wie wird andernorts mit Gangstern, Gaunern und Ganoven umgegangen? Wie bringt man Verdächtige zum Reden, vor allem schmerzfrei? Welche Mittel sind wirksam, damit sie Diebesgut wieder herausrücken. Da ist nicht immer die sanfte Art von Erfolg gekrönt. „Mein Gott, tut doch dem Kinderschänder nicht weh!" – Kein Demokrat erwartet gleich Folter und Todesstrafe. Obwohl ...

„Der Gast vom Tisch sieben kann sein Essen nicht bezahlen!" – „Hol's zurück mit ein paar Tropfen Rizinusöl im Nachtisch!"

Nein, lassen wir das! Diese Glosse sollte ohne Grundsatzdiskussion auskommen. Die Kleinkriminellen bereiten unserer chronisch unterbesetzten Polizei schon dermaßen viel Arbeit, dass sie sich den Kleinstkriminellen gar nicht mehr widmen können. Deshalb wäre ja ein horizontaler Blick in die kriminellen Hochburgen dieser Welt äußerst lobens- und lohnenswert.

Besonders effektiv, unspektakulär und preisbewusst arbeitet die Polizei in Indien. Die örtliche Staatsgewalt in Mumbai wendet dabei das Mittel der indirekten Gewalt an. Ein überführter Schmuckdieb, der eine geklaute Goldkette vorm Zugriff der Polizisten schützen wollte, verschlang diese kurzerhand, in der irrigen Annahme, den Sicherheitsorganen damit die Beweiskraft entzogen zu haben. Doch weit gefehlt. Auf einer Röntgenaufnahme wiesen sie dem verdutzten Langfinger die Beute nach.

Den von den Ärzten empfohlenen Einlauf lehnten die uniformierten Beamten mit dem Hinweis, dieser sei zu kostspielig, ab. Da allgemein bekannt ist, dass überreife Bananen eine abführende Wirkung haben, zwangen sie den Delinquenten, an einem Tag etwas mehr als vierzig Bananen zu verspeisen. Und so erhielten die Polizisten das Schmuckstück letztendlich auf natürlichem Weg zurück.

Der Dieb indes hätte sich den Ausgang dieser Geschichte eigentlich selbst ausmalen können, denn schon Karl Marx schreibt in seinem Kommunistischen Manifest: „Die Proletarier dieser Welt haben nichts zu verlieren als ihre Ketten ..."

Erwischte Kleinkriminelle lassen sich allerdings nicht von solchen Pannen abschrecken. Kurzerhand wird die Panne als Betriebsunfall abgehakt – mit einem kurzen, aber mürrischen: „Ach, scheiß drauf!"

Immer bereit zum Ehestreit

Man muss kein Tierschützer sein, um sich über jene sorglosen Zeitgenossen zu ärgern, die es jeden Sommer fertigbringen, mit ihren unrühmlichen Taten in den Lokalseiten zu landen. Bereits Monate vor dem Weihnachtsfest appellieren Tierschutzorganisationen, Kindern nicht jeden Wunsch nach einem Haustier zu erfüllen. Tiere sind kein *Lego* und keine *Baby Born*, welche man, ihrer überdrüssig geworden, in eine Ecke schmeißen kann.

Haustiere benötigen Aufmerksamkeit und Zuwendung. Sie müssen regelmäßig gefüttert und sauber gehalten werden. Und diese tägliche Pflicht wandelt sich bei Kindern sehr schnell von der anfänglichen Lust zur Last und für Mütter später zur Belastung. Väter, die vor dem Wunsch ihrer nervenden Sprösslinge als Erste einknicken, verduften, ehe es aus den Käfigen stinkt. Wieder mal bleibt alles an den Müttern hängen. Und dann naht der Urlaub und die drängende Frage, wohin mit dem lebenden Kadaver? Bei Hamstern oder Meerschweinchen kein Problem, die werden gern von zoologischen Gärten als

„Da ist schon ein Hund, da könnten wir Mutter dazusetzen!" –
„Deine sofort, meine nicht!"

Schlangenfutter genommen. Aus dem Kaninchen kann die Hausfrau ein schmackhaftes Mahl bereiten. Mit Katzen und Hunden wird's da schon schwieriger, es sei denn, man hat eine chinesische Haushälterin.

Da bieten sich Autobahnraststätten oder Parkplätze an den Fernrouten als geeignete Alternative, den inzwischen ausgewachsenen

Rottweiler an einer Leitplanke zu fixieren. Wird sich schon jemand drum kümmern. Und zum Glück finden sich Menschen mit Herz, die ausgemergelte Kreaturen von ihrem Leiden erlösen.

Dieses Glück war einer italienischen Ehefrau, die von ihrem eigenen Mann auf der Autobahn zwischen Genua und dem Aostatal ausgesetzt wurde, nicht beschieden. Während einer Nachtfahrt gerieten die beiden Eheleute in einen handfesten Streit. Italiener können sehr impulsiv werden und emotional völlig überreagieren. Natürlich sind Ehestreitigkeiten unschön und sollten nicht während einer Autofahrt ausgetragen werden, sondern in den heimischen vier Wänden, damit auch die Nachbarschaft noch etwas davon hat. Und auch wenn man mit seiner Frau Sorgen hat, sollte man sie nicht gleich auf der Autobahn entsorgen.

Für den 47-jährigen Italiener kam es nämlich danach knüppeldicke. Der zehn Jahre jüngeren Ehefrau blieb nichts weiter übrig, als ihren Weg entlang der Autobahn fortzusetzen. Immerhin legte sie knapp zwanzig Kilometer zu Fuß zurück, ehe sie in einer Kurve von einem Auto erfasst wurde und danach ihren schweren Verletzungen erlag.

Gegen den unschuldigen Unfallfahrer wird nun wegen fahrlässiger Tötung ermittelt, gegen den schuldigen Witwer wegen Tatbegünstigung. Und so kann man abschließend sagen: Aus dem ersehnten Beischlaf wurde unersehnte Beihilfe.

Fall kommt nach auffallend

Opa werden ist ein richtig tolles Gefühl, diese geballte Ladung Spannung vor dem Tag X. Eine gewaltige Steigerung erfährt es, wenn das freudige Ereignis eingetreten, also der werdende Opa Opa geworden ist.

Kopfschüttelnd habe ich mich immer gefragt, sobald ich entsprechende Zeitungsmeldungen gelesen hatte, wie blöd muss man eigentlich sein, um auf diesen fiesen Enkeltrick hereinzufallen. Jetzt, wo ich Stunden nach der Geburt auf dieses kleine, unschuldige Wesen im Beistellbett blicke, wie es flach, aber hastig atmet und dabei so friedlich schlummert, verstehe ich es plötzlich. Es liegt an dieser emotionalen Euphorie, die jedem rationalen Gedanken die Luft abwürgt. Liebe macht blind, auch die Liebe zu seinem Enkel. Warum sonst sind Großeltern die Großzügigkeit in Person?

Wenn ich an meine beiden Opas zurückdenke, stelle ich einen sehr krassen Unterschied fest. Der eine hat sich noch vor meiner Zeugung vom Acker gemacht, als wolle er mit mir erst gar nichts zu tun haben. Der andere hat sein Leben lang kaum mit mir gesprochen. Von ihm sind mir nur Sätze in Erinnerung geblieben wie: „Mach die Gusche zu beim Essen!", „Steh gerade!" oder „Sprich, wenn du gefragt wirst!"

Mein Opa war ein launischer Griesgram, der abends an seinem alten Volksempfänger saß, ein Holzkasten mit Röhren drin, und den Nachrichten im Deutschlandfunk lauschte. Danach ging er ins Bett. Ein Leben lang hat er hart und viel gearbeitet, ist nie verreist oder hätte sich sonstige Annehmlichkeiten geleistet. Opa war Zimmermann, besonders spezialisiert auf Wendeltreppen. Er besaß zwei Felder, die er in seiner kargen Freizeit bewirtschaftete. Er hatte ein Pferd, mehrere Schweine, Karnickel, Hühner und zwei Hunde. Morgens um vier war seine Nacht zu Ende. Ehe er seiner Tätigkeit als Zimmermann nachging, musste das Vieh versorgt werden, und spät am Nachmittag bestellte er seine Felder. Wir setzen uns heute an den Computer und bestellen alles im Internet.

Opas Leben war also zäh und entbehrungsreich, nicht nur der Arbeit wegen. Sechs seiner besten Jahre verbrachte er im Zweiten Weltkrieg, um anschließend noch zehn Monate in russischer Gefangenschaft im eigenen Saft zu schmoren. Opa war ein gebrochener Mann, verbittert bis in die braunen Zehennägel – ein mahnendes Andenken an die Nazizeit. Heute würde man sagen: Er ist traumatisiert gewesen. Besonders die Monate seiner Gefangenschaft mussten ihm zugesetzt haben. Er hatte panische Angst vor den Russen. Deshalb saß er wohl Abend für Abend am Radio, um die politische Weltlage genauestens zu verfolgen.

Wenn wir in seiner Gegenwart von der Zukunft sprachen, grummelte Opa mürrisch: „Plant nicht! Es kommt sowieso alles anders." Und wenn wir es mit unseren Plänen mal ganz besonders auf die Spitze getrieben hatten, fluchte Opa aufgebracht: „Euch holen sowieso die Russen!"

Opa hat, wie bereits erwähnt, kaum mit mir gesprochen, hat weder mit mir gespielt noch sich sonst irgendwie mit mir beschäftigt, während ich bereits kurz nach der Geburt meines Enkels große Pläne für unsere Zukunft schmiede.

Eine Sache aber, die hat sich tief in mein Bewusstsein eingegraben wie ein Familienvater am Ostseestrand. Als ich meinem kriegserfahrenen Großvater meinen Einberufungsbefehl zum Wehrdienst zeigte, flüsterte er mir die mahnenden Worte zu: „Niemals vordrängeln! Immer in den hinteren Reihen bleiben und Gusche halten!"

Um es auf einen einfachen Nenner zu bringen: Opa wollte mir damit zu verstehen geben, sich stets unauffällig zu verhalten und sich nie freiwillig ins Rampenlicht zu drängen. In diesen wenigen Worten steckte die bittere Erfahrung aus sieben verkorksten Lebensjahren, die ihm der Weg durch die Hölle des Krieges und der Gefangenschaft abverlangt hatte.

Auch Kriminelle, so sie Erfolg in ihrem Beruf haben wollen, sollten die Weisheiten meines Großvaters beherzigen. Tun sie aber nicht, denn die Jahre der Spaßgesellschaft haben Arroganz, Überheblichkeit und Selbstüberschätzung an die gesellschaftliche Oberfläche gespült, wie sie Generationen zuvor nicht gesehen haben.

Im thüringischen Eisenach haben zwei kleine Drogendealer, da Dummheit polizeilich nicht verboten ist, fröhlich gelaunt einer Polizeistreife hinterhergegrölt und den Beamten hämisch zugewinkt. Provokativ überquerten sie anschließend bei Rot eine Straße. Das war dann doch zu viel des Guten und die Ordnungshüter kontrollierten das 29-jährige Dumm-Dumm-Geschoss. Da bei ihnen mehrere Gramm Cannabis gefunden wurden, mussten die beiden Dumpfbacken auch noch eine Wohnungsdurchsuchung über sich ergehen lassen, bei der die Polizei ebenfalls Drogen fand. Eine humorvolle Art der Selbstanzeige!

„Dein dummer Einfall mit dem Fliegenpilz.
Jetzt dreht sich alles nach mir um!"

Ein über drei Jahre flüchtiger Mörder aus Frankreich, dem die Polizei bereits bedrohlich dicht auf den Fersen war, glaubte, den Sicherheitskräften Hörner aufsetzen zu können, indem er sich nicht nur Hörner aufsetzte, sonders als Teufel verkleidet zu einer Halloweenparty im südspanischen Málaga erschien. Die Polizei hatte leichtes Spiel und beendete den ungenehmigten Hafturlaub dieses Teufelskerls.

Ein ebenfalls in Spanien aufgespürter mutmaßlicher Mörder seiner 20-jährigen Freundin aus Niederbayern hat sich alle gerichtsverwertbaren Beweise gleich als Tattoos stechen lassen. Warum ihm ein Tätowierer den Namen und das Geburtsdatum seines Opfers sowie unter einem Kruzifix den Tag der Ermordung eingraviert hatte, bleibt unklar und ungeklärt. Vielleicht hat er ihn vorm Stechen bestochen. Den Ermittlern ist diese Sache jedenfalls mächtig unter die Haut gegangen.

Dank der zur Schau oder zur Show getragenen Blödheit heutiger Kleinkrimineller können Ermittlungsbehörden mit einer glänzenden Aufklärungsquote aufwarten. Schwieriger haben es Ermittler mit den Großen in der kriminellen Zunft, den Autoherstellern mit ihrer intelligent durchdachten Betrugssoftware. Jahrelang haben sie im Verborgenen, wie es mein Opa als Berater den VW-Managern geraten hätte, ihre verbotenen Spielchen gespielt. Inmitten von Bergen fällt ein kleiner Hügel nicht auf und die Bosse tarnten sich im Glanze glänzender Karossen.

Halb so schlimm, denken sich indes die Audi-Chefs und ändern ihren bekannten Slogan in „Vorsprung durch Betrug."

Ohne Hast in den Knast

Bundesdeutsche Gefängnisse genießen in manchen Kreisen den Ruf wohltuender und entspannender Wellnessoasen. Gut geheizte Zimmer, täglich drei leckere Mahlzeiten, separate Gebetsräume, hervorragende Sportangebote in bestens ausgestatteten Fitnessräumen und vor allem freundliches Servicepersonal. Das Wohl des Strafgefangenen steht über allem. Kein Vergleich zu dem schweinischen Leben da draußen. Jeden Tag ums Überleben kämpfen, in Wohnungen einbrechen, Drogen schmuggeln, Leute schleusen oder umbringen oder Passanten ausrauben, nachdem man sie widerwillig niedergeschlagen hat. In einer JVA hat man keine Sorgen, da andere für einen sorgen. Mit anderen Worten: Die Haftstrafe ist der entspannte Urlaub im

Berufsleben eines Kriminellen. Und mal ehrlich, welcher normale Berufstätige kann sich heutzutage schon monatelange, ja gar jahrelange Auszeiten leisten?

Wenn Richter um die Annehmlichkeiten einer steuerfinanzierten Haft wüssten, würden sie mehr Freisprüche oder Bewährungsstrafen aussprechen und die Täter um die erhoffte Vollverpflegung bringen. Denn wieder zurück auf der Straße, geht der Schlamassel von vorne los, sich selbst seinen Lebensunterhalt zu ergaunern, sich mit brutalen Bandenchefs herumzuärgern oder die scharfe Messerklinge eines Rivalen zu fürchten. Und rentenversichert ist man als Killer auch nicht.

„... wird der Angeklagte zur Abstrafung an die anwesende
Ehefrau überstellt!"

Aber es gibt Licht am Anfang des Tunnels. In Kansas City hat ein Richter einen Bankräuber bereits wenige Tage nach dessen gescheitertem Bruch auf freien Fuß setzen lassen. Der 70-Jährige hatte nämlich nur aus schierer Verzweiflung eine Bank überfallen, nicht weil er in Geldnöten steckte, sondern weil er unter der Tyrannei seiner schlechteren Hälfte litt. Der arme Kerl war es leid, ständig die verbalen Attacken seines Hausdrachens zu ertragen, und trug sich mit Fluchtgedanken an einen Ort, an dem er vor ihr, ihrer Zunge und straffen Hand sicher wäre.

In gewisser Hinsicht weisen Gefängnisse und Ehen übereinstimmende Merkmale auf. Die kleinste Zelle liegt nun mal in der Familie, mindestens bestehend aus zwei Personen, meist unterschiedlichen Geschlechts. Und dieses eingeschnürte Leben auf so engem Raum führt häufig zu posttraumatischen Belastungsstörungen. Betroffene wissen oft nicht weiter und laufen Amok. Die Zeitungen sind voll davon, auch die Friedhöfe.

Keine Ahnung, ob amerikanische Gefängnisse in Ausstattung und Service den deutschen ähneln oder diese vielleicht sogar übertreffen. Jedenfalls zog der Amateurbankräuber einen Gefängnisaufenthalt dem Leben in seiner standesamtlichen Zwangsgemeinschaft vor. Dieses Verhalten, Soziologen werden mir recht geben, weist irrationale Denkstrukturen auf, denn warum freiwillig ins Gefängnis gehen, für eine Tat, die man so nie verübt hätte? Wäre es nicht besser gewesen, er hätte seine Frau gemeuchelt? Gut – dann wäre aber auch mit ihr der Grund zur Gefängnisflucht gestorben.

Der gnädige Richter jedenfalls erkannte, dass er den rüstigen Täter mit einem vergitterten Exklusivaufenthalt nicht bestrafen würde, wohl aber mit dem schweren Gang zurück ins Ehegefängnis. Den Steuerzahler kam dieses harte Urteil allemal billiger und für den gestrauchelten Ehemann bedeutete es die Höchststrafe, nämlich „lebenslänglich".

Abschließend hätte ich noch eine Frage: Wie nennt man eigentlich in Gefängnissen Bodylotion? – Haftcreme!?

Drogen, Gewalt und Sex im Alter

In unserer feinen Gesellschaft hat sich in den letzten zehn Jahren eine besorgniserregende Alterskriminalität breitgemacht, so wie Fußballmanager Reiner Calmund, wenn er sich in einen viel zu engen Sessel presst. Folgerichtig hat sich dieses Thema im vorliegenden Buch viel Platz unter den Nagel gerissen. Ein Beleg dafür, dass die Fallzahlen nicht fallen, sondern steigen. Dabei gibt es kein Delikt, vor dem die Silberlocken nicht zurückschrecken würden. In der Regel begnügen sich die kleinkriminellen Gebissträger mit Bagatelldelikten wie Ladendiebstahl, Nötigung – wobei nicht die sexuelle gemeint ist – oder Schwarzfahren, auch ohne Trauerkleidung. Auf diese Weise entlasten sie ihr karges Rentenbudget. Ganz gerissene Senioren wenden den „Enkeltrick" an, tricksen ihre Enkel aus, um an das Taschengeld der Kids zu kommen. Hier und heute aber geht es um die ganz großen Kaliber, um schwere Jungs und leichte beziehungsweise leichtfertige Mädchen.

Um eine solche handelt es sich bei einer 80-jährigen Frau aus Gelsenkirchen, die als Teilzeitbeschäftigte im Heroingeschäft ihres Sohnes aushalf. Da Ziel- und Drogenfahnder nicht unbedingt eine hochbetagte Dame im Faltenrock als Schmugglerin auf dem Radar haben, glückten der Rentnerin mehrere Kurierfahrten ins benachbarte Holland. Einige Kilo Heroin führte sie so unentdeckt nach Deutschland ein.

Drogenschmuggel kann aber für die Kuriere lebensgefährlich werden, gerade dann, wenn Kokainbällchen im Darm geschmuggelt werden und eines dieser Päckchen platzt. Bei Transporteurinnen wird auch gern das weibliche Geschlechtsteil als Versteck zweckentfremdet, so dass man sagen kann: Von der Tupper- zur Schnupperdose. Dieses für Frauen entwürdigende Prozedere hatte der Sohn, der inzwischen zu siebeneinhalb Jahren verurteilt worden ist, wohl seiner Mutter nicht abverlangt. Und zugute kann man ihm auch halten, dass er seine hilfsbereite Mutter, die nur ihren missratenen Sohn unterstützen wollte, nicht auf den Strich geschickt hat, aber sie verarschte – und zwar nach Strich und Faden. Denn nun muss auch die berauschende Seniorin vorm Landgericht Essen reden wie ein Singvogel. Vielleicht gesteht ihnen ja ein milder Richter eine Knast-WG zu.

Auch der nächste Fall zeigt, dass kriminelle Entgleisungen keine Altersbeschränkungen kennen, wie es das Jugendschutzgesetz zum Beispiel für den Erwerb und Verzehr von Tabakwaren und Alkohol vorsieht. Hier wäre wirklich mal der Gesetzgeber gefordert, ein wirkungsvolles und abschreckendes Seniorenschutzgesetz durch den

„Man sollte ihm doch die restlichen elf Monate erlassen!"

Bundestag zu peitschen, dass sich Lachfalten bis zum Zerreißen straffen. Senioren mit einer tendenziellen Neigung zu kriminellen Handlungen sollten als potenzielle Gefährder eingestuft und vorsorglich in Schutzhaft genommen werden.

Wenn die Politik weiterhin tatenlos zusieht, wird die Gesellschaft das Nachsehen haben. Wir werden in Zukunft der weiter rasant anwachsenden Seniorenkriminalität nicht mehr Herr werden. Gerade die von Altersarmut Betroffenen, denen die brutalen Auswirkungen der sozialdemokratischen „Agenda 2010" voll auf Magen und Gemüt schlagen, sind das Nest, indem zukünftige Nachwuchskriminelle ausbrütet werden.

Das Land braucht alternative Abwehrzentren. Rentner mit einer übersteigerten kriminellen Energie sollten vorbeugend mit elektronischen Fußfesseln ausgestattet werden. Auf diese Weise könnte die Bereitschaft zur bewussten Gesetzesverletzung präventiv gesenkt werden, es sei denn, die Betroffenen hatten das Ding am Knöchel vergessen.

Ich bin der festen Überzeugung, wären diese von Kriminologen geforderten Maßnahmen bereits heute Standard in der Kriminalitätsbekämpfung, wäre die Entführung eines Firmenchefs im ostfriesischen Leer nicht passiert. Neben dem 66-jährigen Haupttäter und zwei Komplizen war noch eine Tatverdächtige involviert, die inzwischen auf stolze einundneunzig Lebensjahre zurückblicken kann – ein Alter, in dem viele Gleichaltrige bereits ihre letzte Wohnstätte bezogen haben. Warum sich die alte Dame auf die Entführung des Reeders eingelassen hat, bleibt mir persönlich ein Rätsel. Geld wird natürlich ein Hauptmotiv in dieser Kriminalkomödie gespielt haben, denn wenn der Coup gelungen wäre, hätte jeder der Beteiligten eine Viertelmillion erhalten. Um an Kohle zu kommen, war natürlich für die alte Dame das Delikt einer Entführung erste Wahl, weil ihre weiblichen Waffen als Heiratsschwindlerin für eine Verführung inzwischen ausgedient hatten. Inzwischen hat ein Richter im Namen des Volkes die Urteile gesprochen. Für die Bandenälteste ging es ziemlich glimpflich aus.

„Die Angeklagte erhält eine Freiheitsstrafe von zwei Jahren", verkündete der Vorsitzende der zuständigen Strafkammer am Landgericht Leer, „ausgesetzt zur Bewährung."

„Und wenn ich in dieser Zeit sterbe?"

„Dann bekommen Sie ‚lebenslänglich'."

Auch wenn viele unaufgeklärte Taten bereits Jahrzehnte zurückliegen, die Daten sind bis heute erhalten geblieben. Deshalb sollten sich zunächst straffrei ausgegangene Täter übelster Verbrechen bis auf ihre letzten Tage nicht allzu sicher sein. In Englands zweitgrößter Stadt Birmingham bekam ein Brite den langen Atem der Justiz zu spüren. Dieser wurde wegen mehrfachen Kindesmissbrauchs in den Jahren 1974 bis 1983 erst im Hier und Heute schuldig gesprochen. Der frühere Lkw-Fahrer hatte in diesem Zeitraum nachweislich zwei Mädchen und einen Jungen missbraucht. Trotz späten Schuldeingeständnisses zeigte der pädophile Lustgreis keinerlei Reue, was den Richter ziemlich verärgerte. Der inzwischen in die Jahre gekommene Kinderschänder hoffte wegen seiner offensichtlichen Altersgebrechen auf Nachsicht und Milde. Da aber knabberte der Zahnlose auf Granit, denn Richter Gnadenlos tackerte dem Uneinsichtigen dreizehn Jahre Strafvollzug aufs Gesäß. Ob dieser je das Ende seine Strafe erleben wird, steht in den Sternen. Resozialisierung wird für ihn wohl kein Thema mehr sein, denn der Täter hatte inzwischen einhundertundeins Jahre auf dem Buckel.

Der zunehmenden Überalterung in unseren Gefängnissen sollte bald Rechnung getragen werden. Wir brauchen separate Haftanstalten für die Klientel hochbetagter Insassen. Als liberal denkender Mensch bin ich für eine humane Form des Strafvollzugs. Nennen wir die neuen Gefängnisse einfach: Seniorenheime.

Nicht im Keim erstickt

Auch kaufmännischen Angestellten in Krankenhausverwaltungen können ärztliche Kunstfehler unterlaufen. Während aber die des medizinischen Personals schwerwiegendere Folgen für betroffene Patienten haben können, produzieren Büroarbeiter bestenfalls Karteileichen. So geschehen im Krankenhaus Austin Health im australischen

Melbourne. Über zweihundert Patienten wurden grundlos von einem Mitarbeiter der Klinikleitung für tot erklärt, eine bizarre Form in Zeiten von weltweit umgreifenden Fake News.

Zum Glück blieb diese Panne zunächst intern. „Mein Gott, hier wird ja ordentlich gestorben", hätte sich so mancher gewundert wie Alice in der Wundertüte. Womöglich hätten viele interessiert aufgehorcht und einige gewiefte Witzbolde ihre ungeliebten Angehörigen ins Krankhaus geschleppt – zur finalen Behandlung. Erdmöbeldesigner hätten sofort freudig erregt ihre Stechbeitel und Hobeleisen gewetzt, dass ihnen wieder Späne wie prachtvolle Schmachtlocken um die Ohren fliegen. Bestattungsinstitute hätten jubiliert über diese plötzliche Auftragsflut, die aber bald wieder abebbte, da Karteileichen bestenfalls vom Reißwolf geschreddert werden.

„Na gut, wenn Sie sich schon so 'ne Mühe gemacht haben –
klappen Sie die Kiste auf!"

Der klinische Todesbote hatte entsprechende Briefe mit den frei erfundenen Befunden an die Hausärzte gefaxt, obwohl die ersten der eben frisch Verstorbenen, völlig genesen, den gierigen Fängen hinterhältiger Krankenhauskeime entkommen waren. Einer der vom Ableben seines Patienten informierten Hausärzte griff sofort zum Telefon, um den Hinterbliebenen zu kondolieren. Ich habe versucht, mir dieses Gespräch vorzustellen, wenn vielleicht sogar der Totgesagte sich selbst am anderen Ende der Leitung gemeldet hätte:

„Smith."

„Sind Sie es selbst, Mr. Smith?"

„Yes."

„Oh, dann habe ich jetzt eine verdammt schlechte Nachricht für Sie. Am besten Sie setzen sich!"

„Klingt ja fast so, als wäre jemand gestorben."

„In der Tat, sehr bedauerlich."

„Nun sagen Sie bloß nicht meine Frau! Sie steht nämlich quietschvergnügt neben mir."

„Viel schlimmer, und ich habe es schwarz auf weiß. Mein aufrichtiges Beileid, Mr. Smith. Sie sind gestern verstorben."

„Schön, dass Sie's mir sagen. Ich hätte mir womöglich noch eine Zigarre angesteckt."

„Ich habe Sie immer gewarnt, Mr. Smith. Rauchen endet tödlich!"

„Wem sagen Sie das?"

„Haben Sie schon einen Termin für Ihre Beisetzung?"

„Noch nicht. Sie erhalten natürlich eine schriftliche Einladung."

„Vielen Dank! Und leben Sie wohl."

„Very well, ich habe zu danken."

„Na dann, nichts für ungut. Und richten Sie Ihrer Witwe beste Grüße aus!"

Inhalt

5   Schwarz gefahren, schwarz geflogen

6   Unser täglich Brötchen gib uns heute!

8   Das Krampfadergeschwader greift an

10   Schleierhaft

12   Nackte Tatsachen

14   Dieses Kribbeln im Schlauch

15   Prager Fenstersturz in München

17   In der Not zählt kein Gebot

19   Nur einen Steinwurf entfernt

22   Spät gerächt ist nicht gerecht

24   Schnee von gestern

25   Hauptsache im Bett

27   Sach- und Lachbeschädigung

29   Mit Frust zum Zahnverlust

30   Mit einem Scherz zum Rückenschmerz

32   Am Hoden zerstört

34   Papier isst geduldig

36   Kein Schnee von gestern

37   Luft und Liebe reichen nicht

39   Wenn's hinten wehtut

41   Plattfuß ist zurück

43   Irre gelaufen

46   Nicht umsonst gestorben

47   Ohne Skrupel zum Rubel

50 Die Polizei, dein Freund und Hehler

52 Die Alten schlagen zurück

55 Schöner Tod mit Flüssigbrot

56 Schluss nach Schnappschuss

59 Manchmal kommt's ganz dicke

60 Vom Trieb vertrieben

62 Video vom Po

64 Auf den Inhalt kommt es an!

67 Ein Wort zur rechten Zeit erspart so manches Leid

68 Dem Alkoholgenuss folgt satter Stuss

70 Acht auf einen Streich

72 Ausgestochen

74 Rollatoren eignen sich nicht für kriminelle Senioren

77 Kleine ganz groß – 1

79 Gebühren fürs Klo machen nicht alle froh

82 Die Schose mit der Soße

84 Schiffbruch auch ohne Schiff

85 Mit geschlossenen Augen

87 Trotz Ärger kein Kerker

89 Erst abgestrampelt, dann abgestempelt

91 Bordklo macht nicht immer froh

93 Schuss und Schluss!

95 Ein Platz an der Tonne

97 Gesucht und nicht gefunden

100 Stunk nach Umtrunk

102 Bienenvölker, hört die Signale!

104 Männlicher Hüpfer stürmt weibliche Schlüpfer

106 Schnaps, das war sein erstes Wort

109 Nicht oben ohne

111 Dame mit Biss

114 Ohne Zaum übern Gartenzaun

115 Übermut tut nicht immer gut

118 Beamten-Hometrainer

120 Das stinkt nicht bis zum Himmel

122 Ohne signieren resignieren

124 Abreibung statt Einreibung

126 Abschreckende Vorbildwirkung

127 Aus den Angeln gehoben

129 Auge um Auge, Strahl um Strahl

131 In die Zange genommen

134 Fahrt nach Rügen war kein Vergnügen

136 Alles für die Katz

138 Kleine ganz groß – 2

140 Am Ende kommt alles raus

142 Immer bereit zum Ehestreit

144 Fall kommt nach auffallend

148 Ohne Hast in den Knast

151 Drogen, Gewalt und Sex im Alter

154 Nicht im Keim erstickt

U. S. Levin (d. i. Pseudonym), geb. 1960, schrieb seit 1991 zahlreiche satirische Texte für die LVZ, publizierte vorwiegend in Tageszeitungen wie der *Sächsischen Zeitung*, dem *Nordkurier*, der *Freien Presse*, der *Magdeburger Volksstimme*, der *Ostthüringer Zeitung* und der Satirezeitschrift *Eulenspiegel*. Seit 1995 veröffentlichte er seine Satiren in zahlreichen Büchern. U. S. Levin lebt als freischaffender Autor in Markkleeberg.

Peter Dunsch (PeDu), geb. 1947 in Leuna, trat 1984 in einen Magdeburger Zeichenzirkel unter Gerd Bunzenthal ein, nahm Unterricht bei dem Magdeburger Zeichenlehrer Wilhelm Paulke und Konsultationen beim Karikaturisten Arthur Epperlein in Halle (Saale). Nach ersten Zeichnungen für Zeitschriften folgen Buchveröffentlichungen als Karikaturist und Illustrator, u. a. für U. S. Levin. Er lebt in Magdeburg.